ENCORE

L'INVENTEUR

D'UN

CRITÉRIUM

SUMÉRIEN

PAR

J. HALÉVY

PARIS

ERNEST LEROUX, ÉDITEUR

LIBRAIRE DE LA SOCIÉTÉ ASIATIQUE

DE L'ÉCOLE DES LANGUES ORIENTALES VIVANTES, ETC.

28, RUE BONAPARTE, 28.

—

1905

O²d
439

ENCORE

L'INVENTEUR

D'UN

CRITÉRIUM SUMÉRIEN

PAR

J. HALÉVY

PARIS

ERNEST LEROUX, ÉDITEUR

LIBRAIRE DE LA SOCIÉTÉ ASIATIQUE
DE L'ÉCOLE DES LANGUES ORIENTALES VIVANTES, ETC.

28, RUE BONAPARTE, 28.

—

1905

Encore l'inventeur d'un critérium sumérien.

M. Charles Fossey, l'heureux inventeur d'un critérium sumérien en 1902, et obligé d'entendre certaines vérités quelques mois après, rentre de nouveau en lice pour assouvir ses
rancunes. En quelle qualité et dans quel but a-t-il accepté la
charge, trop lourde pour ses épaules, de remplacer M. Oppert,
le pétulant *Père du sumérien*, qui, avant tout autre, a le
devoir de combattre la thèse adversaire? Je me suis posé
ces questions il y a environ trois ans. Aujourd'hui même,
je dois me contenter de simples suppositions qui semblent
expliquer la première énigme par la seconde. Mon étonnement
partit de ce fait que M. Fossey, bien qu'il n'ait jamais déchif-
fré ni interprété une seule ligne cunéiforme, se soit décidé à
devenir le défenseur du système oppertien. Péniblement tou-
ché de ce juste reproche, il a publié dans l'intervalle sa thèse
doctorale sur la magie assyrienne et le 1er tome d'un *Manuel
d'assyriologie*, exposant l'historique des explorations et des
fouilles, le déchiffrement des cunéiformes, l'origine et l'histoire
de l'écriture, y compris cent pages consacrées à la réfutation de
ma thèse[1]. Félicitons-le de cette activité louable, mais il ne nous
en voudra pas si nous ne le faisons que dans l'espoir d'avoir
de lui, à l'avenir, des travaux plus substantiels, fussent-ils
d'une dimension moins étendue. En effet, la « Magie » pré-
citée se compose uniquement de textes transcrits et traduits
en diverses langues, dont une bonne partie en traduction
française. Le tome 1er du *Manuel* consiste de même aux trois
quarts en une description, d'ailleurs trop diffuse et inégale,
de ce qui a été dit des premiers essais de déchiffrement,
accompagnée d'une réfutation trop tardive d'une opinion de
Delitzsch relative aux figures modèles des cunéiformes et
démentie depuis des années par les recherches originales de
MM. Scheil et Thureau-Dangin[2]. On n'est pas assyriologue à

---

1. *Manuel d'assyriologie*, fouilles, écriture, langues, etc. Paris, 1904.
2. Sur la manière dont ces excellents assyriologues sont pillés par
M. Fossey, on aura plus loin des renseignements édifiants.

si bon marché, et le livre de M. Fossey, bon gré, mal gré, doit être regardé comme une compilation historique de choses trouvées par les assyriologues. La possession de l'assyriologie exige au surplus la connaissance des autres langues et littératures sémitiques, sans compter celle des langues ouralo-altaïques, indispensable quand on veut avoir une voix au chapitre du sumérien. Lenormant comprit admirablement cette nécessité complexe et prit des mesures pour y satisfaire, quoique sans trop réussir. Les assyriologues en vue sont en même temps bons sémitisants. On ne saurait dire pareille chose de M. Fossey en jetant un coup d'œil sur le titre hébreu fautif des voyages de Benjamin de Tudèle, en tête de la bibliographie (p. 393); inutile de parler des autres langues, qui n'ont jamais donné signe de vie dans ses travaux. Quoi que nous fassions, nous ne pouvons regarder pour le moment M. Fossey que comme un compilateur tirant bénéfice des travaux pour lesquels il n'a jamais eu besoin de se creuser la tête. Personne ne prendra en ce moment au sérieux sa prétention d'être assyriologue. On est ce qu'on peut, on n'est pas ce qu'on veut. Je réserve pour la fin l'hypothèse sur le but que poursuit l'inventeur du critérium en reprenant pour lui l'ancienne polémique sur un sujet qui sort de sa spécialité de compilateur.

Oui, il y a une polémique, malheureusement plus personnelle que scientifique, conduite contre moi avec une méthode exceptionnelle qui tranche sur celle qui est mise en pratique dans les autres parties de l'ouvrage. Jusqu'à la page 280, l'auteur décrit simplement et dans l'ordre des dates les opinions émises par les uns et combattues par les autres, ainsi que la résultante finale de ce choc des idées. C'est de la bonne histoire descriptive, qui permet parfois à l'auteur d'exprimer son propre sentiment sur les points qui lui semblent appeler une nouvelle revision. Le procédé descriptif cesse subitement dans l'exposition concernant la question sumérienne (p. 280 à 381). En parlant d'une critique de Schœbel contre le sémitisme de la langue assyrienne soutenu par M. Oppert, M. Fossey l'a qualifiée de « *déloyale,* parce qu'elle laissait ignorer au lecteur les bases véritables du déchiffrement »

(p. 233). Comment qualifier sa polémique désordonnée qui supprime de propos délibéré, d'une part, le plus grand nombre des objections qui me furent opposées par les adversaires, dans l'intention préméditée de cacher leur faiblesse, de l'autre, les réponses que j'y ai faites alors et que je fais sans discontinuer au cours de *trente* ans, dans une trentaine de mémoires et de notices qui n'ont jamais manqué d'apporter quelque éclaircissement sur cette question hérissée de difficultés, ou de corriger mes vues antérieures lorsqu'elles me parurent en avoir besoin. De mes trente ou trente-deux mémoires dont il donne la liste (p. 441-446), il prend pour point de mire de sa réfutation le plus ancien d'entre eux, celui de 1874, qui, formant la première phase de l'antisumérisme, se ressent naturellement des tâtonnements inévitables dans l'exposition des énigmes qui assaillaient alors d'une manière écrasante la recherche de la nouvelle voie. L'héroïsme de M. Fossey se borne à exercer son adresse de spadassin exclusivement sur l'enfant qui venait de naître, s'il m'est permis d'employer cette métaphore. Le pis est que, brûlant d'envie de signaler des contradictions dans l'évolution de ma théorie, il ne se gêne même pas d'en inventer de toutes pièces et de défigurer ma pensée quand cela fait son affaire. Les exemples nombreux qui suivent montreront à quel point le prétendu critique fait fi de tous les scrupules dans son argumentation. Les citations seront textuelles, parfois avec élimination du pur verbiage ; les passages importants seront soulignés.

DÉBUT DE LA DISCUSSION — FAUSSE INSINUATION (P. 280-282)

« Bien avant que la discussion sur les noms de *Sumer* et d'Akkad ne fût terminée, la théorie même de l'origine non sémitique des cunéiformes fut mise en question par un travail de J. Halévy (1874). *Revendiquant pour les Sémites l'honneur d'avoir développé la civilisation sur les bords de l'Euphrate, et spécialement d'avoir inventé l'écriture cunéiforme*, il prétendait démontrer : 1° que la langue akkadienne, en supposant qu'elle existe, n'appartient pas à la famille des idiomes touraniens ; 2° qu'on ne peut pas admettre l'existence d'un peuple touranien sur le sol de la Babylonie ; 3° que les textes nommés akkadiens ne constituent pas une langue différente de l'assyrien, mais simplement un système idéographique, inventé par les Assyriens eux-mêmes, *à côté de l'écriture phonétique.* — *Ainsi, pour établir l'origine sémitique de l'écriture cunéiforme,* Halévy niait[1] l'existence du peuple touranien auquel on en attribuait l'invention, et la réalité de la langue dont elle paraissait le mode naturel de l'expression[2]; revenant à une hypothèse depuis longtemps abandonnée (v. p. 270)[3], il ne voyait dans les textes sumériens qu'une *rédaction idéographique à lire en assyrien.* »

Comme on le voit, la polémique commence par faire accréditer sur mon compte une prévention pansémitiste d'une part, et une versatilité scientifique de l'autre. Voyons ce qu'il y en a de fondé.

La première affirmation constitue un misérable procès de tendance sans une ombre d'appui dans mon travail. Fossey répète simplement la rengaine des assyriologues dont j'avais troublé alors la quiétude bi-décennale. Lenormant opinait que je combattais *pro domo mea*; Sayce me lançait le stigmate de *rab-*

1. Oui, mais par des preuves dont la solidité persiste et persistera toujours. Fossey n'a pas osé en donner une idée à ses lecteurs, de peur d'indisposer son grand protecteur M. Oppert.

2. Admirez la logique *fosseyenne* qui raisonne comme si touranisme et sumérisme étaient deux concepts inséparables, à telle enseigne que l'écroulement du premier entraine la disparition du second. Est-ce que les Sumériens ne pouvaient vivre et prospérer sans parler une langue touranienne? Quel profit en aurait-il alors résulté pour la thèse réputée pansémitique?

3. Voilà ce que j'y trouve : « Dans son Mémoire de 1851 (v. p. 205), Rawlinson acceptait aussi l'origine égyptienne des cunéiformes. Dès 1853, il avait abandonné l'idée, qu'il avait d'abord admise, d'inscriptions écrites tout entières en idéogrammes, ou, comme on disait alors, en monogrammes. » Or, cette insinuation calomnieuse que Rawlinson aurait cru un seul instant à une écriture créée pour des sourds-muets est absolument fausse. A la page 205, Fossey relate lui-même, d'après Rawlinson en 1851, que « les signes assyriens sont idéographiques, déterminatifs, phonétiques ou mixtes ». Oppert a adopté cette base scientifique pour mener plus loin le déchiffrement des cunéiformes. Je n'en avais pas d'autre en 1874, parce que l'idéographie pure est inimaginable. Du reste je n'ai jamais lu le mémoire en cause de Rawlinson.

bin. J'en ai ri de bon cœur, puisque ces enfantillages me donnaient le pressentiment qu'au point de vue assyriologique mes adversaires n'ont pas grand'chose à m'opposer. Un spectacle grotesque vint plus tard y ajouter une grosse pinte de bon sang. J'ai appris par Weissbach que le *Père du sumérien*, sémite comme moi, m'avait traité de *Sémite fanatique* dans la *Göttinger Gelehrte Anzeigen* de 1875. Passons, tout cela est déjà un accident éloigné, mais n'est-ce pas un acte indigne de remâcher ces anciens vomissements en 1904? Quand des chercheurs comme Röth, Ball et Seyffarth ont cru à tort trouver une couche sémitique dans le chypriote, le khittite et l'égyptien; quand des philologues éminents, que tout le monde connaît, ont essayé de prouver l'appartenance des Égyptiens et de toute la race kouchite à la famille sémitique, les a-t-on soupçonnés de pansémitisme ou de fanatisme juif?

Le véritable but de mon travail a été exposé dans le passage qui précède l'extrait qu'on a vu ci-dessus. On y lit (p. 4) :

« En présence de ce pas décisif fait par les accadistes, il n'est plus possible de différer l'exposition de quelques arguments qui me paraissent détruire la base même de leur système, savoir l'*origine touranienne de l'écriture cunéiforme* et surtout de ces textes curieux qu'on a nommés *accadiens* ou *sumériens.* Je voudrais ainsi fournir aux assyriologues l'occasion de réfuter les doutes que l'étrangeté apparente de leur conclusion éveille dans l'esprit des personnes qui, comme moi, sont peu initiées aux délicates questions de l'archéologie; je voudrais provoquer des recherches plus approfondies qui, en diminuant de plus en plus les ténèbres qui enveloppent ce problème de l'histoire de la civilisation humaine, amèneraient la lumière sur ce point. »

Lisez maintenant l'alinéa qui termine l'extrait fourni par Fossey et laissé de côté par lui (p. 5) :

« Si j'avais eu l'intention de trancher la question dans le sens favorable à ma propre opinion, j'aurais commencé par établir le caractère purement figuratif des documents prétendus accadiens, et les deux premières questions se seraient trouvées résolues d'elles-mêmes contrairement à l'opinion des assyriologues; mais une pareille prétention n'entre pas dans mon esprit, et je crois que la nature compliquée du débat exige qu'on aborde le problème par le côté matériel et linguistique, et qu'on réserve pour la fin l'examen des textes. Le lecteur sera ainsi graduellement préparé à entrer dans le cœur du problème et à juger lui-même de la valeur des preuves qui appuient l'une ou l'autre des deux opinions en présence. »

C'est assez clair, je crois. Des doutes s'étaient élevés dans mon esprit au sujet du rôle que les assyriologues assignaient aux Touraniens dans la civilisation babylonienne. J'en ai fait part aux intéressés afin qu'on les écartât[1]. Dans ce but pratique, j'ai discuté d'abord le caractère prétendu touranien de la langue dite *accadienne* ou *sumérienne*. Puis, ne voulant pas trancher la question de ma propre autorité, j'en ai laissé le jugement définitif à l'appréciation des autres.

En terminant cette première section consacrée au touranisme, j'ai formulé les résultats suivants (O. C. B., p. 18) :

« 1° Les textes dits accadiens n'ont pas pour auteurs des individus de race touranienne; par conséquent, l'invention de l'écriture cunéiforme ne peut leur être attribuée *sans avoir d'autres preuves à l'appui*; 2° on n'est pas autorisé à regarder les notions religieuses qu'on trouve dans les textes accadiens comme le type des croyances communes à la race ouralo-altaïque[2]. »

Dans cette partie, il n'est pas fait mention des Sémites!

Ils commencent à figurer dans la seconde partie de mon travail comportant quatre divisions : Monuments du premier empire babylonien (p. 18-21); noms géographiques en Mésopotamie (p. 21-22); témoignages des auteurs (p. 22-28); traditions locales (p. 28-36). Après avoir démontré d'une

1. Pour éviter toute susceptibilité éventuelle, j'ai parlé, et aussi respectueusement que possible, des *assyriologues* au pluriel. M. Oppert l'a pris pour une injure personnelle. « Les assyriologues, c'est moi ! », s'écria-t-il en bondissant de colère. Et depuis lors, il n'y a pas d'acte de vilenie et de chantage qu'il ne commette à mon égard.

2. Cela visait particulièrement les conclusions de *La Magie chez les Chaldéens*, etc., de Lenormant (Paris, 1874), où cette théorie a été produite pour la première fois.

part le manque de toute trace d'une race étrangère en Babylonie, de l'autre, l'impossibilité de *touraniser* les rois sémitiques comme Nabuchodonosor et Nabunide, pour la seule rai-
son que les idéogrammes de leurs noms se lisent distinctement
an-pa-ša-du-šiš et *an-pa-i*, je dis :

« Les philologues reculeront, je pense, devant de pareilles
assertions, et, en refusant aux monogrammes (= idéogrammes) des noms propres la valeur d'un critérium de l'origine des individus qui les portent, ils arriveront à cette conclusion que le touranisme de quelques-unes des antiques
dynasties de Babylonie est de pure imagination, et que, par
conséquent, *tous les monuments qui nous restent de l'ancien
empire* émanent uniquement de la population sémitique. »

Ce résultat embrassait déjà toute l'époque de l'ancien empire babylonien, dont Sargon Ier passait alors pour le plus
ancien monarque connu. Il est aujourd'hui admis même par
les assyriologues suméristes, lesquels sont ainsi obligés de
placer la disparition des Sumériens dans les brumes complai-
santes de la préhistoire[1] !

Fossey n'en souffle mot !

Est-ce honnête ?

Enfin, même après avoir traité du sémitisme du syllabaire
et de l'idéographisme des textes « sumériens » dans la troisième division dont il sera question plus bas, je me suis con-
formé à mon programme d'attendre les objections de mes adversaires. En récapitulant à la fin du mémoire les résultats
détaillés, je n'ai insisté que sur la question touranienne qui me
paraissait être résolue dans le sens négatif. J'ai écrit :

« L'ensemble de ces résultats nous autorise donc à conclure que la théorie qui attribue aux Touraniens l'invention de
l'écriture cunéiforme et l'origine de la civilisation babylonienne est une hypothèse gratuite, qui n'est pas sans danger
pour le progrès des études historiques sur l'Asie antérieure. »

---

1. Chez les historiens du temps, la division des dynasties sumériennes
occupait la place d'honneur et était d'une abondance extraordinaire. Que
sont-elles devenues dans les éditions ultérieures ? On les a tacitement
supprimées, sans indiquer d'un seul mot que la disparition de ces fan-
tômes historiques est due à mes travaux.

Cela suffit pour flétrir l'insinuation inqualifiable de Fossey qui, pour faire suspecter ma bonne foi, m'attribue un préjugé pansémitiste.

CRITIQUE IMAGINAIRE ET MALVEILLANTE

La seconde affirmation de Fossey est d'un ordre différent, mais aussi mal fondée que la précédente. Il assure que je ne voyais dans les textes sumériens qu'une rédaction idéographique à lire en assyrien. C'est d'une impudence étonnante! Les mots *à lire en assyrien* sont de sa fabrique et il me les impute sans sourciller! L'extrait qu'il cite dit, tout au contraire, que c'était un système idéographique inventé par les Assyriens eux-mêmes à côté de l'*écriture phonétique.* J'ai donc admis deux modes de représentation graphique, l'un idéographique, destiné en substance à être déjà compris par la vue, même sans l'aide de l'ouïe, l'autre purement phonétique, pour l'usage courant, sollicitant la faculté acoustique seule. J'ai répété le même énoncé dans le résumé n° 4 de la page 75 : « La composition et l'agencement des signes cunéiformes dans les documents nommés accadiens révèlent tous les caractères d'un système artificiel, et destiné à être compris par la vue. » De même, en disant (p. 73) que ces documents constituent une série de textes idéographiques s'adressant seulement aux yeux et n'ayant jamais formé une langue parlée, j'ai pensé à la constitution primitive du système qui n'était la langue naturelle d'aucun peuple sémitique ou non sémitique. J'étais d'autant plus éloigné d'imaginer qu'on pourrait se méprendre sur le sens de ces phrases, que je m'étais déjà clairement exprimé à cet égard à la page 69 où j'ai écrit : « Cette écriture, du reste, ayant revêtu de bonne heure un caractère sacré, n'a pas manquée d'être cultivée avec soin et indépendemment de la langue parlée. Le sacerdoce babylonien a dû même considérer les *articulations du système figuratif* comme langue des dieux et des esprits. C'est de cette façon que s'explique sans effort *la loi d'euphonie* observée dans le groupement des signes pour les pronoms et certaines prépositions, loi qui a égard à la terminaison (= voyelle) du mot précédent. » J'ai donc nettement distingué entre la langue parlée par le peuple et la langue sacrée réputée divine qui, à l'instar de la première, était *articulée et possédait des lois d'euphonie*. Elle était, selon moi, composée de syllabes artificielles, mais se prononçant conformément à des règles fixes.

Il y a plus : quand même ce passage n'existerait pas, tout lecteur impartial aurait compris ma pensée rien qu'en voyant : 1° ma transcription « sumérienne » *an-pa-ša-du-šiš* et *an-pa-i* des noms *Nabu-kudur-uṣur* et *Nabu-na'id* (p. 35); 2° l'annonce que la préposition sumérienne *ṣir* est le mot assyrien *ṣiru* privé de sa désinence (p. 70), et spécialement 3° les nombreux rapprochéments lexicographiques comme *an, mah, rat, tab, dan, el, iṣ, id, me*, etc., et les formes assyriennes *anu, mahu, râṭu, tappu, dannu, ellu, iṣu, idu, mêtu*, etc., ce qui implique manifestement la prononciation des signes faisant partie des textes « sumériens ».

Cela constitue néanmoins un système idéographique, quoique ce soit une idéographie d'un genre particulier.

L'affirmation contraire de Fossey, qui m'attribue l'idée d'un système aphone et purement pictorial[1], vient d'un parti pris inqualifiable qui ne recule pas devant les contre-vérités les plus manifestes.

Fossey poursuit :

« Ce *paradoxe* fut vivement combattu par LENORMANT, OPPERT (1875) et SCHRADER (1876). Leurs critiques obligèrent Halévy à modifier son système, mais non à l'abandonner. »

Je me permets de faire une pause pour demander : 1° comment un *paradoxe* combattu par les trois coryphées de l'assyriologie du temps, a pu rester debout au moyen d'une modification quelconque, et surtout gagner ensuite l'adhésion d'assyriologues spécialistes? 2° quels sont les arguments que les trois adversaires ont opposés à ma théorie antitouranienne, qui formait le point principal de ma critique? Fossey supprime volontairement les actes du procès pour ne pas avoir à justi-

---

1. La première condition d'un système pictorial, s'il était possible, serait l'immutabilité des figures primitives, ce qui n'a pas lieu dans l'écriture cunéiforme, où les formes antiques sont devenues méconnaissables et dont chaque signe est à la fois idéogramme et phonème.

fier des opinions dont l'inexactitude est aujourd'hui reconnue par les meilleurs spécialistes, et surtout la qualification injurieuse de *paradoxe*. Il agit en bas insulteur, et, selon lui-même, fait une critique *déloyale*.

Fossey se trompe grossièrement s'il croit que ses chicanes mesquines ébranleront en quoi que ce soit l'état de l'antisumérisme fortifié par trente ans d'études.

Sur la nature de ma *modification*, Fossey nous informe (p. 281-282) :

« A la thèse de l'*idéographie* pure et simple devenue insoutenable, il (= Halévy) substitua, à partir de 1876, celle de l'*idéophonie* : « A l'opposé du système démotique (l'assyrien) qui exprime les mots conformément à la prononciation réelle, le système hiératique (le sumérien des assyriologues) les figure artificiellement, soit par des idéogrammes, soit par des phonogrammes, soit enfin par une combinaison des deux ensemble. Ce mode de représentation *idéophonique* s'adresse beaucoup plus à l'intelligence des lecteurs qu'à leurs oreilles (Halévy, 1885, p. 537). » Ainsi, il n'était plus question d'une représentation faite exclusivement pour les yeux, mais d'une combinaison mixte, où l'idéographie et le phonétisme avaient leur part. L'auteur y trouvait *des ressources plus variées contre les arguments de ses adversaires : là où un phénomène d'harmonie vocalique, ou simplement une variation phonétique, rendait impossible la théorie de l'idéographie, il se tirait d'affaire, en admettant l'existence de phonèmes*, très artificiellement, par voie de rébus ou de calembours de mots assyriens. Mais l'idéophonie, comme l'idéographie, n'était dans sa pensée qu'une *allographie*, c'est-à-dire une manière plus subtile et plus abstruse d'écrire l'assyrien. Il maintenait donc le point essentiel de son premier système : l'inexistence d'une langue autre que l'assyrien, et par suite l'impossibilité d'attribuer l'invention de l'écriture à d'autres qu'aux Sémites. »

Tout pivote ici sur l'assertion que j'ai recouru, en 1876, à la thèse *idéophonique* pour échapper aux arguments triomphants des critiques qui, *une année auparavant* (en 1875), *m'avaient appris que l'idéographie pure* était une idée paradoxale. Si la chose était vraie, je n'aurais eu aucune honte de

l'avouer ; la condition même de la science consiste précisément
à apprendre ce que l'on ignore et à corriger successivement
les opinions devenues caduques. J'avais réclamé hautement ce
concours à tous ceux qui voudraient m'en faciliter la tâche
(voir plus haut). Malheureusement, dans l'espèce, l'allégation de
Fossey est démentie par un passage formel du travail de 1874,
où on lit en toutes lettres (p. 50) : « La signification de la
majorité des signes syllabiques (bases du sumérien), ainsi que
celles de leurs correspondants (assyriens qui les expliquent),
nous est encore inconnue ; mais nous sommes du moins assurés
que le *terme rappelé* plus ou moins distinctement par le signe
idéophonétique, appartient en propre à la langue assyrienne
et représente toujours un nom propre ou appellatif mis en état
emphatique (absolu). Nous pouvons donc espérer en pleine
confiance que la découverte de nouveaux documents nous li-
vrera l'explication des signes dont le rapport avec les mots
assyriens qui leur ont servi de base nous est encore
inconnu. »

La conception du caractère *idéophonétique* (= *idéophonique*) des signes cunéiformes est annoncée ici en toute clarté.
L'*idéophonie* est née en 1874 ; les adversaires dont Fossey
s'approprie les objections s'en sont peu souciés, et préféraient
s'attaquer à des expressions, parfois pas assez précises, je le
reconnais, qui se prêtaient mieux à leur polémique. Un pareil
procédé peut s'expliquer, sinon s'excuser, par l'ardeur d'une
lutte juvénile contre une théorie qui ruinait de fond en comble
leur système accrédité et consacré par plus de vingt ans d'existence ; l'audace inconsidérée de Fossey, qui le fait sien trente
ans plus tard, doit être sévèrement jugée, puisqu'il *altère
sciemment et froidement la vérité.* Au mépris de tout scrupule,
il fait de cette contre-vérité le point de départ de sa prétendue
critique, et, dans l'intention de me vexer, la répète d'innombrables fois avec le sourire superbe d'un fétiche infaillible.

CRITIQUE DE DÉTAIL

A la page 281, Fossey prétendait que mon *paradoxe* a été
réfuté par Lenormant, Oppert et Schrader. A la page sui-

vante, il ajoute que la seconde forme (!) de ma théorie a été combattue par Schrader (1883), Lehmann (1892) et Weissbach (1898), toujours sans en résumer la teneur, ni faire connaître mes réponses, ce qui est doublement déloyal. Il lui paraît préférable d'exposer et de critiquer tous les arguments que j'ai produits à l'appui de mes deux (!) théories. Il em· prunte, en premier lieu, les armes de ses prédécesseurs d'il y a trente ans pour réfuter à nouveau mon travail de 1874, qui aurait déjà été réfuté alors ! Maigre besogne pour un auteur à prétentions. Mais Fossey n'est pas difficile : ne pouvant se tenir au niveau de l'état actuel de la question, il recule de trente ans en arrière, dans l'espoir que là il risquerait moins de s'égarer. Me voilà forcé de rajeunir pour défendre mon premier travail assyriologique. Bah ! acceptons tout de même cette corvée onéreuse, mais sous une forme très concise, afin d'éviter tout gaspillage de temps et de paroles. N'ayant pas les mêmes motifs que moi, Fossey commence par examiner la question de l'écriture, selon les deux systèmes de l'idéographie et de l'idéophonie (!), puis mes arguments contre la présence des Touraniens en Chaldée. J'appuie la théorie de l'origine assyro-babylonienne : 1° sur la tradition babylonienne ; 2° sur la tradition assyrienne ; 3° sur le caractère exclusivement sémitique du syllabaire assyro-babylonien. Je citerai d'abord les objections de Fossey-Lenormant ; mes réponses suivront immédiatement.

1° « Halévy cite Bérose annonçant qu'un dieu Oannès, sorti de la mer Érythrée, enseigna aux premiers habitants de la Chaldée l'écriture et les autres arts de la civilisation. Anu (עֲנִי) signifie en même temps « divin, céleste » et « enseigner » ; et le fait qu'Oannès sort de la mer Érythrée s'oppose à l'hypothèse suivant laquelle l'écriture cunéiforme aurait été introduite par des tribus touraniennes venues du nord ou du nord-est. — Halévy néglige la phrase où les premiers habitants instruits par Oannès étaient ἀλλοεθνεῖς, « d'une autre race », savoir d'une race non sémitique. On n'est pas autorisé à affirmer l'origine sémitique du mot *anu*, et la racine עָנָה signifie, en assyrien, « plier, accabler » ; enfin Oannès, dieu-poisson, n'a rien de commun avec le dieu céleste Anu. »

Faux : 1° Premier mensonge : je n'ai rien négligé : j'ai traduit ἀλλοεθνῶν par « de tribus diverses » (p. 24); il n'est pas question de race hétérogène; 2° le sémitisme de *anu* est garanti par le féminin, *Antu* עֲנָת, doué du ע caractéristique; 3° Anu est souvent associé au dieu-poisson *Dagan* (דָּגוֹן); il a donc un rapport avec la mer, et, en Chaldée, il n'y a d'autre mer que celle du sud; 4° *anu* signifie en assyrien « dieu », *anûtu*, « divinité »; עָנָה, « annoncer, enseigner », existe en hébreu de même que עָנָה, « forcer, accabler »; le rapprochement pourrait être encore plus étroit. Du reste, notre ignorance du sens exact ne change rien au fond[1].

2° « Halévy rappelle que le dieu sémitique *Nabû* est l'inventeur de l'écriture, mais le dieu équivalent sumérien est SA, et, quand même les Sémites auraient pensé à Nabu, ce serait toujours un mythe sans valeur historique. Les peuples attribuent souvent à leurs héros nationaux les inventions empruntées à d'autres nations. » — Faux : 1° le dieu SA n'existe pas; 2° il faut prouver la substitution de Nabû à la divinité étrangère; la supposition a été inventée pour les besoins de la cause.

3° « Halévy dresse une liste de 106 signes où on remarque, selon lui, une correspondance entre la valeur phonétique et la prononciation *assyrienne* de l'idéogramme. Quand même le tableau serait exact, ce serait encore un argument très faible, le syllabaire comprenant plus de 500 signes avec 587 valeurs monosyllabiques. De plus, Halévy donne au signe une valeur arbitraire : *ba* n'a pas la valeur *banu*, « cons-

---

1. Ce principe, résultant de la philologie comparative générale, doit être tenu en mémoire au cours de toute la présente discussion, parce que les antisuméristes ont pour règle de repousser l'origine sémitique d'un mot bien constaté, lorsque le sens de la racine n'est pas suffisamment éclairci. Ce n'est d'ailleurs chez eux qu'un prétexte commode. Quand le mot sémitique est parfaitement transparent, ils recourent au moyen souverain entre tous, celui de déclarer que le mot a été d'abord emprunté par les Assyriens aux « Sumériens », puis par les autres Sémites aux Assyriens. Comment raisonner avec des gens qui passent des moucherons et avalent des crapauds?

tructeur »; *ad*, « père », n'a pas la valeur *adu*, « puissant »;
kà, « porte » (*bâbu*), n'a pas la valeur phonétique *bab*. »

Faux : 1° L'*existence* seulement d'une douzaine de valeurs
correspondant pour le sens aux mots assyriens suffit déjà à prou·
ver l'origine sémitique du syllabaire. Aucune argutie ne
prévaudra contre cette vérité élémentaire ; 2° en principe,
un idéogramme qui symbolise toute une catégorie d'idées ap-
parentées ne peut forcément pas avoir autant de valeur que
le nombre de mots qu'il représente ; rien d'étonnant que ḱa
vienne d'un autre synonyme de *bâbu*, « porte » ; 3° *ba*, « cons-
truire », figure dans les passages cités dans les *Additions et
corrections*[1] à l'article de 1874, dont Fossey semble ignorer
l'existence ; 4° l'étymologie de *ad* était une première tentative
d'explication appuyée sur les autres langues sémitiques ; j'en
ai donné depuis plusieurs autres[2] ; la racine reste néanmoins
sémitique et assyrienne. Mais Fossey passe sous silence le
fait avéré, aujourd'hui, que *ad* signifie à la fois « père »,
« mère » et « frère », fait que je lui ai signalé dans ma réponse de 1902. La *cynique déloyauté* de la critique est donc
manifeste.

4. « Une autre erreur d'Halévy consiste à donner comme
valeur d'un signe une valeur secondaire d'origine assyrienne
incontestée : le signe qui se lit en assyrien *bitu*, *bit*, « maison », se lit *e* en sumérien ; de même, le signe pour « tête », as.
rišu, *riš*, se lit *sag* en sumérien. Rien ne sert de dire que *a*
(fils) vient de *aplu*, *te* de *temennu*, *pal* de *palu*, *mah* de *mahhu*,
en de *enu*, *gal* de *gallu*, *bar* de *parakku*, *kat* de *qatu*, *mat* de
matu, *el* de *ellu*, *suh* de *sukkalu*, *e* de *ekallu* ; il faudrait
d'abord démontrer que *aplu* (*abtu*), *temennu*, *gallu*, etc., ne
sont pas des mots empruntés au sumérien (p. 285·286). »

Faux : 1° Si les valeurs *bit*, *riš*, et d'autres valeurs analogues
venaient des Assyriens, il en résulterait cette absurdité que les

---

1. Grâce à l'influence d'Oppert, l'insertion de ces *Additions* dans le
Journal asiatique m'a été refusée après que j'en ai donné le bon à tirer.
J'ai pourtant réussi à les conserver pour les exemplaires du tirage à part,
bien entendu, en payant les frais d'impression.

2. La véritable origine de AD a été récemment communiquée à la Société asiatique.

Sumériens ne possédaient pas dans leur langue des syllabes comme *bit, pit, bid, pid* et *riš, ris, riz*, et n'avaient pas même souvent la faculté de les exprimer d'une manière analytique *bi-it* (*id*), etc, *ri-id, ri-is*, puisque les valeurs *id* et *is* correspondent à l'assyrien *idu* et *iṣu*; 2° il faut une ignorance complète des langues sémitiques pour soutenir un seul instant que des mots comme *id*, « main » (*id*), *iṣu*, « arbre, bois » (*iṣ, is, iz*), *paraku*, « pavillon » (*bara, bar.* r. פָּרַךְ), *gallu*, « grand » (*gal*, ar. *gallu*, « être grand », héb. *gal*, « hauteur, monceau »), *ellu*, « pure », de *alâlu*, « laver, nettoyer, purifier » (aram. ḫalal), *êkallu*, « palais » (הֵיכָל avec un ה qui manque en assyrien), *mê*, « cent » (מֵאָה), *rat*, « canal » (רֶהַט avec ה radical!), etc., etc., ne soient pas foncièrement sémitiques. D'autre part, l'assyrianisme de *sag*, « sommet, élévation » (*šaqu*), est prouvé par les dérivés *sâqû*, « élevé », *ušaqqu* (*usiqqû*), *ušašqû*, etc.; 3° en considération du fait que l'existence du peuple sumérien n'est prouvée par aucun indice ou témoignage historique ou archéologique, l'échappatoire en cause revient à cette pétition de principe du plus haut ridicule : le peuple dit sumérien a dû avoir un idiome qui n'était pas sémitique ; donc, les mots qui se trouvent en même temps chez les Sumériens et chez les Sémites ont été empruntés aux Sumériens par les Sémites. Tout est à l'avenant dans cette logique sumériste digne des cellulaires de Charenton.

5. « Relativement au grand nombre des signes, le nombre de ceux qui coïncident avec des mots assyriens est très restreint; si les Assyriens étaient les inventeurs des cunéiformes, ils auraient donné entre autres au signe *ad* la valeur *ab*, de *abu*, « père? » (p. 287-290)? » — Réponse : 1° Chaque fois que la valeur idéographique ne coïncide pas avec le nom direct de l'objet, on est autorisé à conclure que le symbole primitif figurait un objet différent, mais toujours ayant un nom sémitique, c'est pourquoi on n'a pas donné à *ad* la valeur *ab* : cette attribution ne convient guère à un signe qui signifie en même temps « père, mère, frère » et autre chose encore que nous ignorons; 3° j'ai déjà montré dans l'alinéa 4 que les valeurs assyriennes précitées, comme *bit, riš, is*, et naturellement

aussi *lib*, etc., sont aussi primitives que les valeurs « pseudo-sumériennes » *e, sag, sa;* mais les auteurs de la rédaction idéographique faisaient un choix différent de celui des auteurs du système phonétique. Affaire d'écoles et de développements parallèles se pénétrant l'une l'autre.

6. « On n'ose pas nier le sémitisme des syllabes comprenant les consonnes א, ה, ט, צ et ק, mais on objecte que ces consonnes sont employées dans un nombre plus considérable dans les textes assyriens que dans les textes « sumériens ». Puis, on affirme que les Sémites ont adapté à leur langue les sons proches, mais non identiques de la langue étrangère, comme cela eut lieu pour le θ grec. L'existence de א en sumérien est un fait isolé ; on pense même l'attribuer à une erreur de l'auteur du syllabaire (p. 290-293). »

Faux : 1° La mention du א dans un syllabaire suffit pour en assurer l'existence dans quelques textes sumériens encore inconnus, idée à laquelle conduit son nom « sumérien » *umun*; 2° on oublie que, par suite de l'indistinction de palatales en fin des syllabes fermées, ces consonnes emphatiques se dérobent en grande partie. Dans les textes phonétiques où les syllabes ouvertes sont en majorité, on les distingue plus facilement ; 3° pour affirmer l'adaptation sémitique, il faut prouver d'abord quelle était leur prononciation sumérienne. Vain subterfuge ; 4° au moment de la réception de l'alphabet phénicien par les Grecs, le θ ne se prononçait pas comme aujourd'hui.

7. Fossey (p. 294-297) ne sort pas de son étonnement à propos de la confusion éventuelle de consonnes similaires que j'ai signalée aussi bien en sumérien qu'en assyrien, bien que pas dans la même proportion. Ses arguties s'évanouissent devant les faits. Il explique cette confusion par l'inexpérience des Sémites, qui forçaient ou faussaient le mécanisme du syllabaire sumérien pour l'adapter à leur langue. Il oublie de nous dire comment des *incapables* de cette espèce ont pu nous transmettre tout le *lexique oral* de la langue des inventeurs, et fixer ensuite, par d'interminables gloses, les valeurs des signes jusque dans leurs compositions les plus rares. Il ne lui vient même pas à l'idée de se demander quelle confiance on peut avoir dans la tradition sumérienne qui émane de scribes

aussi ineptes. Pour les besoins de la cause, on déclare tantôt que les Assyriens étaient les plus grands philologues du monde[1], tantôt qu'ils n'étaient pas même capables d'adapter quelques lettres à leur besoin. Jolie logique! Une divagation aussi ridicule atteste la plus complète atrophie de la faculté rationnelle chez l'avocat du sumérisme.

8. « Halévy tire argument de ce que, à l'opposé de toutes les langues monosyllabiques, le sumérien ne possède pas la voyelle *o* et se borne aux voyelles *a, e, i, u*; il en conclut que les inventeurs du syllabaire cunéiforme ont dû parler une langue polysyllabique. Halévy confond ici la langue parlée et la langue telle que l'exprime l'écriture : l'arabe vulgaire emploie la voyelle *o* que l'écriture n'exprime pas; le turc écrit avec les mêmes lettres *oldoum*, « je fus », et *euldum*, « je mourus ». L'existence de l'*o* a été fournie par les tablettes gréco-babyloniennes qui transcrivent δομ, βωρ, φα, ce qui est écrit *dum, bur, pa*. La prononciation distinguait donc ce que confondait l'écriture : *o* de *u*, *ph* de *p*[2]. »

Faux : 1° J'ai parlé de l'*o radical* dans les langues monosyllabiques; l'*o* de l'arabe vulgaire varie suivant les provinces et n'influe pas sur le sens du mot; 2° les Arabes ne sont pas les inventeurs de leur alphabet, ils n'ont fait que copier à leur façon celui des Araméens; les Turcs ont pris purement et simplement l'écriture perse, tirée de l'arabe. Pas une seule de ces écritures n'est originale. Une écriture nationale, au contraire, comme celle des Chinois, distingue parfaitement les syllabes à *o* des syllabes à *ou*; 3° Fossey ne comprend rien aux transcriptions grecques. Laissons-le dans son ignorance. Il a seulement oublié de nous dire si le syllabaire cunéiforme possédait encore, outre les signes *dom, bor, pha*, des signes particuliers pour *dum, bur, pa*, car c'est dans le dernier cas

---

1. Rien n'est plus amusant que l'expression : « les savants babyloniens » (*Die babylonischen Gelehrten*), que l'on rencontre souvent dans les écrits des suméristes, précisément dans l'arrière-pensée plus ou moins consciente de priver les Sémites de toute faculté d'initiative scientifique.

2. Cette remarque seule est de Fossey, les tablettes en question n'ayant été découvertes que dans les dernières années.

seul que son argument aurait quelque valeur. N'est-ce pas
jeter de la poudre aux yeux du lecteur ?

9. « Il y a encore dans l'écriture assyrienne, dit encore Halévy, un certain nombre de syllabes complexes qui ne rendent
pas rigoureusement la voyelle motrice : *lah, luh ; til, tal ; šar,
šir, har, hur, man, min, kir, kur, dab, dib* ; or, l'indiffé-
rence pour la voyelle radicale est un trait sémitique. » Selon
Fossey, le couple *lah, luh* est l'effet d'une coïncidence fortuite (!)
et ne peut pas prouver que les inventeurs aient prononcé indif-
féremment *lah* ou *luh*. L'existence des autres couples prou-
verait que les Sémites ont détérioré le syllabaire emprunté
aux Sumériens, mais non qu'ils l'ont inventé » (p. 298-299).

Faux : 1° Il ne s'agit pas de lectures assyriennes, mais de
lectures d'idéogrammes « sumériens » qui conservent le
même sens, malgré la différence de la voyelle ; 2° Fossey nous
a déjà dit que les Sémites ne savaient pas adapter à leur
langue l'écriture cunéiforme ; nous apprenons maintenant
qu'ils ont détérioré la prononciation du sumérien. De fil en ai-
guille, il nous décrétera un jour que le sumérien n'est, au bout
du compte, que l'ancêtre du bas-breton d'aujourd'hui, et en-
verra promener dos à dos les touranistes et les anti-touranistes.

10. « Halévy trouve les monosyllabes sumériens trop peu
nombreux pour former une langue. Fossey affirme au contraire
que cinq cents mots capables de se combiner peuvent exprimer
toutes les nuances de la pensée. » — Oui, certes, mais à condition de nommer le lion « animal suprême » (*ur-mah*), le
cheval « âne de montagne » (*ib-kur*), le chameau « âne de
plaine » (*ib-ab*), le chien « animal de demeure » (*ur-ku*), l'abîme
« maison de science » (*ab-zu*), la mer « eau de creux » (*a-
abba*), l'or « précieux-véritable » (*azag-gi*), l'argent « précieux-
brillant » (*azag-par*), la nuit « noir » (*gig*), le roi « homme-
grand » (*lù-gal*), et d'autres combinaisons tout aussi forcées.
Le « sumérien » n'a pas de mots simples pour exprimer ces
objets d'usage courant. L'idiome le plus pauvre en racines,
le chinois, a mille deux cents syllabes et la faculté de les
combiner ensemble au gré de la pensée, tandis que les combinaisons de trois syllabes sont déjà rares en sumérien, en
face de l'effrayante polysémie des monosyllabes. D'ailleurs,

d'après un relèvement approximatif, les valeurs monosyllabiques ne dépassent pas le nombre de trois cent soixante ; nous sommes encore loin de cinq cents admis hâtivement par les adversaires.

11. « Une écriture reçue par un peuple différent, dit Halévy, finit par se différencier de l'écriture modèle, tandis que le sumérien suit strictement les modifications de l'écriture assyrienne en Assyrie et de l'écriture babylonienne en Babylonie ; c'est toujours le scribe sémite qui écrit le sumérien. Fossey pense que la déviation ne s'est pas effectuée parce que la disparition de la langue sumérienne n'a pas été l'œuvre d'un jour ; puis, parce que la diversification d'une écriture est attachée à la diversité des liens, des matériaux ou des instruments plus qu'à celle des langues. Si les savants de l'an 6000 raisonnaient comme Halévy, ils devraient pourtant admettre que le turc et l'arabe sont une seule et même langue, et que les Turcs ont inventé leur écriture. »

La stupidité de ces sophismes est évidente : 1° On invente la disparition même des Sumériens, parce qu'elle implique l'hypothèse de leur existence antérieure. Ce sont en réalité deux affirmations qui demandent à être prouvées séparément avant qu'on puisse en parler. L'adoption par les Sémites du sumérien comme une langue sacrée aurait dû, au contraire, préserver la nationalité sumérienne de toute désagrégation[1] ; 2° si les Sumériens avaient écrit avant l'invasion supposée des Sémites, ou seulement aux époques de leur prédomination, cette écriture aurait présenté un type caractéristique de ces époques ; 3° tout ce qui nous est parvenu de textes « sumériens » vient de

---

1. Il y a d'excellents latinistes en Europe, mais chacun d'eux prononce le latin conformément à l'usage de son pays. Le mot *coelum*, par exemple, est prononcé *tchéloum* en Italie, *tzeuloum* en Allemagne, *silam* en Angleterre, et *sélome* en France. Le sens du mot ne souffre aucunement de cette diversité de prononciation, or le sens est la seule chose qui prime lorsqu'il s'agit d'une langue morte, comme ce serait le cas du « sumérien ». L'effort fait pendant des milliers d'années par les Sémites pour en perpétuer la prononciation *exacte* suppose donc, premièrement, que c'était un legs ancestral de la haute antiquité sémitique ; deuxièmement, qu'il était parlé comme une langue sacrée par la classe instruite et surtout par la classe sacerdotale.

scribes sémites. Les Sumériens auraient donc inventé l'écriture pour ne rien écrire! N'est-ce pas fou, archifou?

12. Fossey vient d'avoir une inspiration à lui (p. 301-302) : « Presque tous les signes ont un certain nombre de valeurs qui ne sont *jamais* employées en assyrien. Telles sont, par exemple, GAL pour *iq*, GE pour *gid*, GI pour *ne*, GIG pour *mi*, GIN pour *ţu*, GIR pour *ner*, GV pour *ḫa*, GVG pour l'indice de *adâru* (« sombre »); les Assyriens ont donc fait un choix dans l'ensemble des valeurs données aux signes par les Sumériens. »

Faux : 1° Fossey a négligé de dire comment les Assyriens pouvaient le savoir, vu l'absence de syllabaires composés par les Sumériens, ni à quoi pouvait leur servir un système si extraordinairement compliqué et destiné à l'expression d'une langue étrangère qui ne donnait pas signe de vie littéraire; 2° en outre, il cache au lecteur ma remarque de 1874, savoir que le système idéophonique s'est développé parallèlement au système phonétique : ce dernier, au temps de Sargon Ier (vers 3800 av, J.-C.), avait déjà terminé le cycle de son évolution et ne conservait plus du premier que les déterminatifs les plus utiles comme ceux des noms propres, de dieux, de localités, des espèces et du nombre pluriel. L'emploi des idéogrammes avec leurs valeurs particulières fut déjà alors purement facultatif et laissé au gré des scribes.

LA THÈSE IDÉOPHONIQUE

Avec une déloyauté abjecte, Fossey, insistant jusqu'ici sur deux phrases ambiguës seulement pour les chercheurs de chicanes, dirigeait ses sottes et malhonnêtes attaques contre la théorie de l'idéographisme parfait du sumérien qu'il m'impute. Dans le chapitre III, c'est la théorie idéophonique qui devient l'objet de la polémique. Pour épargner le temps et l'espace de la *Revue sémitique*, il sera utile de serrer encore plus que dans la partie précédente l'exposé des points en litige.

13. « Halévy : La syllabe sumérienne, étant idéogramme, ne se décompose jamais; on écrit BAR, MIR et non *ba-ar*, *mi-ir*. Selon Fossey, c'est une erreur matérielle et grossière : on trouve, assure-t-il, des *milliers de fois*, dans des textes sumériens, des

compositions comme *na-am* pour NAM et DI-IN-GIR pour *dingir*,
qui montrent que les idées « d'abstraction » et de « dieu »
n'étaient pas liées au signe, mais au son. »

Cynisme impudent : 1° il repose sur une confusion idiote des
indications de lecture des syllabaires ou des gloses et le signe
radical qui est toujours indivisible dans les textes régulièrc-
ment écrits ; 2° quelques textes d'une rédaction particulière,
appelée EME-SAL, « parole de femme », emploient la graphie
analytique dans le but de préciser la valeur admise dans ce
mode de rédaction, qui est d'usage fort limité. Ces expressions
n'ont donc pas de portée décisive. Quant aux préfixes et aux
suffixes qui sont des phonèmes purs, ils s'écrivent naturellement d'une manière analytique ; 3° la graphie DI-IN-GIR, en
dehors de la première colonne des syllabaires, ne se constate
dans aucun *texte* sumérien ; je le mets au défi d'en citer un
seul exemple !

14. Pour prouver l'idéographisme du syllabaire, j'ai fourni
quelques exemples de signes composés d'une manière artifi-
cielle pour exprimer des mots très primitifs : « habitation éle-
vée » pour « mère », « parole-beaucoup » pour « langue »,
lu-gal, « homme grand » pour « roi », etc. Fossey remarque
que le premier composé se lisait *ama*, le second *eme*, le troisième *lu-gal*. Mais pourquoi ne les a-t-on pas écrits *a-ma*, *e-me*,
lu-ga-al, puisque toutes les syllabes avaient des signes particuliers ? Fossey n'y a pas pensé, ou bien il le cache au lecteur
selon sa coutume déloyale.

15. Sur l'introduction peu naturelle de mots « sumériens »
dans les textes assyriens, j'ai cité (O. C. B., p. 57) les complexes
ŠV-ÁŠ, ŠA (GAR)-VN, et la forme curieuse *hi-bil-ta-*NV-A-NI au
lieu de *hibiltašu-un* (« leur dommage »), en demandant comment, si le sumérien était une langue naturelle, le premier peut
remplacer à lui seul l'assyrien *ašrup*, « j'ai brûlé » ; le second (*ac-
tion-homme*), à la fois *aškun*, « j'ai fait », et *iškun*, « il a fait » ;
le troisième attacher à un mot assyrien un suffixe sumérien ?
Fossey escamote le premier exemple ; pour le second, il
répète la remarque de Lenormant que *un* était la terminaison
de *aškun*, *iškun*, et non un radical à part, mais il cache odieu-

sement au lecteur ma rectification immédiate où j'ai rendu justice à la critique de Lenormant (*Civilisation babylonienne*, p. 268); enfin, après trente ans, il n'a pas honte d'insister sur ma lecture erronée de NV au lieu de *nu* avant le mot incomplet *a-ni*...! De là, il passe au suffixe sumérien MV remplaçant l'assyrien *ya*, qu'il ne peut pas nier, ainsi qu'aux groupes sumériens qui se comportent en assyrien comme des idéogrammes, et nous renvoie à l'usage des Japonais qui consiste à employer des mots et des phrases chinoises qu'ils lisent par des mots et des phrases correspondantes de leur idiome. Il rappelle ensuite le pehlevi, où les mots sémitiques étaient lus par les mots iraniens correspondants. Je suis incapable de juger le système sino-japonais; la conception du pehlevi est tout à fait inexacte; mais l'explication du *suffixe* sumérien *mu*, relié à des mots *sémitiques* et qu'on devait remplacer par le *suffixe* sémitique *ya*, prouve suffisamment que, pour les Assyriens, les deux systèmes ne formaient que deux modes d'exprimer leur idiome national. Une combinaison franco-allemande « pays *mein* » ou « roi *ihr* » en français, sous prétexte que *mein* et *ihr* doivent se lire « mon » et « leur », serait colossalement ridicule.

Fossey remplit ensuite douze pages avec les extraits de la critique que Lenormant a consacrée, en 1875, à la dernière partie de mon mémoire de 1874, et relative à des phénomènes de grammaire et de syntaxe. Cette manœuvre est SOUVERAINEMENT DÉLOYALE, car ma note rectificative a paru en 1876. Je la cite textuellement (C. B., p. 268) : « P. 60-71. Ce chapitre doit être modifié dans un certain nombre de détails, surtout en ce qui concerne la partie flexionnelle de l'accadien, comme les pronoms et certaines prépositions. La terminaison adverbiale *s*, précédée d'une voyelle, est seulement calquée sur l'assyrien *iš*, abrégé du suffixe démonstratif-possessif *šu*, « lui, son, sa, ses. » Nous pouvons donc dédaigner le réchauffé de trente ans qu'on nous sert et qui, d'ailleurs, a fait si peu d'effet dans le temps que, cinq ans après, la théorie antisumériste avait acquis les suffrages d'assyriologues aussi sérieux que Guyard et Pognon.

16. « Le roi sémitique Sinidinnam écrit ses documents en

« touranien »; est-ce naturel ? demande Halévy. » Lenormant
répond et Fossey le répète : « Il les écrivait pour ses sujets
touraniens, les deux peuples étaient mêlés[1]. » — Vaine échappatoire : par cela même que les « Touraniens » manquaient
déjà de cohésions entre eux, le roi était sûr d'être compris en
écrivant dans sa langue maternelle, et d'autant plus que son
nom le désignait officiellement comme Sémite. On peut donc
conclure de ce fait et d'autres faits analogues, que la rédaction
des documents publics, tantôt en assyrien, tantôt en « sumérien »,
vient précisément de cette circonstance que, s'il y avait deux
rédactions différentes, il n'y avait qu'un seul idiome, le sémitique. Et que dira-t-on du roi assyrien Asarhaddon et du roi
babylonien Nabuchodonosor, dont l'un signe toujours *an-hi-
šeš-mu*, jamais *Aššur-ahê-iddin*, l'autre souvent *an-pa-ša-du-
šeš* à côté de *Nabû-kudur-uṣur*; ont-ils épelé étrangement
leur nom pour plaire à une population sumérienne qui n'existait
déjà plus depuis au moins deux mille ans, même en Babylonie?

17. Halévy : « Chaque expression du lexique assyrien et
même les noms propres de dieux, d'hommes, de pays, de
villes, de montagnes et de rivières, ont un ou plusieurs correspondants en accadien. » Fossey et Lenormant me renvoient, à
propos des noms divins, aux dieux grecs latinisés par les Romains. « Il est inexact que chaque divinité *sumérienne* ait son
équivalent en assyrien, et réciproquement. Le dieu national
des Assyriens : *Aššur*, écrit *an-hi* (ou *šar*), « dieu bon »,
rentre manifestement dans la classe d'origine assyrienne. Plusieurs noms de villes ou de pays, comme Agade, Kiš, Magan et
Meluhha, n'ont pas de doublets. De beaucoup, la forme assyrienne est une altération de l'autre : *Uruk* de VNVKI; *Uru* de

1. Admirez la prudence sumériste : la phrase trainante « les deux
peuples étaient mêlés », qui contredit au fond la phrase précédente, — car
la nécessité d'écrits en deux langues suppose, au contraire, l'habitat sé-
paré des deux peuples et l'ignorance réciproque de la langue du voisin,
— n'a été ajoutée que par crainte qu'on ne leur demandât dans quelle
région précise les Sumériens habitaient alors. En disant que les peuples
étaient mêlés, le questionneur inopportun est doucement renvoyé dans le
vide inabordable. Les coryphées de la jeune école ont reculé l'époque du
« mélange » jusque dans la préhistoire la plus nébuleuse. Les suméristes
peuvent maintenant dormir tranquilles.

VRVNV; *Eridu* de VRVDVG; *Barsiba* de BADSIABBA. Souvent
une ville est nommée, tantôt par son vrai nom, tantôt par une
périphrase : NIPPVRV est appelée EN-LIL-KI, la demeure du
dieu EN-LIL; LARSAM est appelée BABBARVNV-KI. Les contrées
bien sémitiques, comme *Bâbilu*, *Elamtu*, s'appellent en sumérien DINTIR-KI, NIMMA-KI, de même que l'Allemagne est
nommée « Germany » par les Angla s, et par les indigènes
« Deutschland ». Enfin, quand même le nombre des doublets
réels serait considérable, on en trouverait un nombre encore
plus grand en Hongrie, où il n'est guère de ville importante
qui n'ait à la fois un nom magyar et un nom allemand. »

Faux d'un bout à l'autre : 1° j'ai parlé du lexique
assyrien, dont les expressions sont directes comme dans
les autres idiomes apparentés, et on y substitue celui du
sumérien où presque tout consiste en périphrases; 2° les
Romains, en adoptant les dieux grecs, en ont fort peu
changé les noms : Bacchus, Hercules, Athena, Aphrodite,
Mars = Arès, Hephæstus, Pluto, tandis que les groupes
an-hi = Aššur, *en-lil* = Bêl, *șur-ud* = Marduk, *an-ag* =
Nabû, etc., etc., ne se trouvaient jamais dans la bouche du
peuple; 3° *Uruk*, « (ville) large » (אָרֶךְ), ne saurait venir de
unu (*ki* est aphone); *urunu* aurait donné *urun*; *urudug*,
« ville bonne », n'a rien à voir avec *êridu* (עֶרֶד); nous ignorons encore le sens exact de *Barsib* (peut-être « parc de ber-
ger »; cf. מִגְדָּל עֵדֶר), mais *bad-si-ab*(*ba*), « mur-corne-
vallée », est sans le moindre doute un jeu de mots sur le nom
populaire; 4° les périphrases *en-lil-ki* et *babbar-unu-ki* se composent d'éléments assyriens : *babbaru* (ברר), *ênu* (עֲנוּ), *lilu*
(ליל) et *kiu* (כו, فٍ?); 5° *din-tir* exprime le phonétique pur
balaț kiššâti (« vie des régions »), épithète de Babylone,
6° En Hongrie, les villes les plus importantes, comme Buda-
pest, Debreczin, Komárom (Komorn), conservent leurs anciens
noms; de même, *Kolos* et *Varad* sont légèrement altérés de
« Klaus » et de « Ward », tandis que « Szeben » répercute le
nom roumain « Sibiniu ». Lenormant ignorait cet état de
choses en 1875 et Fossey l'ignore encore en 1904! 7° Fossey
escamote déloyalement les noms des fleuves et des montagnes

qui persistent en grande partie intacts en Hongrie : Duna =
Danube, Tisza = Theiss, Balaton = Platten (See), Szava =
Save ; Kárpátok = Karpathen. En Babylonie, les noms sémitiques servent de base aux groupes monstrueux du sumérien :
en face de *Purattu, Pura-nunu*, « trou énorme », *Idiqlat* en
face de *idigna*, « gloire-face-pierre », etc.

Très désopilante est cette remarque de Fossey (p. 325) : « Nous
avons suivi pied à pied Halévy dans son argumentation contre
l'existence d'une langue sumérienne. » Un peu de modestie,
M. Fossey ! C'est Lenormant qui a traîné le coche ; une mouche
commençant ses voltiges trente ans plus tard ne bourdonne que
pour la galerie. Il vous reste, dites-vous, à étudier (lisez « à
copier ») quelques arguments positifs proposés dans les répli-
ques de mes adversaires (vous n'y serez donc pour rien, quel
dommage !) en faveur de la réalité d'une langue sumérienne.
A mon regret, je n'y trouve que des redites fatigantes au sujet
des particules et la *redécouverte* du *critérium* sumérien d'il
y a trente ans[1]. Je vois que vous avez du temps à perdre ;
permettez-moi de ne pas vous imiter.

La lutte donquichotique contre l'idéographisme pur ne pouvant s'éterniser, Fossey se décide à taper dur sur l'idéographisme régulièrement évolué depuis 1876. Cette évolution
scientifique le gêne évidemment ; il s'arrange comme il peut,
ce qui le met en très mauvaise humeur ; ses chicanes se mul-
tiplient à l'unisson de sa déloyauté coutumière. Toute sa
science est puisée dans les travaux de Lenormant et de
Schrader.

19. « Pour la nature des phonogrammes qui seraient (selon Halévy) de simples noms d'épellation, il est facile de mon-
trer combien est grande l'erreur d'Halévy. Les signes *an* et *ud*,
qu'il prend comme exemples, s'appellent, le premier ANV, le
second HISSV ou VTV. On pourrait, à la rigueur, soutenir
(c'est ce que je fais !) que les valeurs *an*, *his* et *ut* sont tirées
« par voie d'altération et de contraction » (audacieuse contre-
vérité ! Il n'y a que l'abandon du *u* désinentiel assyrien) des
noms de ces signes ; mais il resterait à prouver que ce sont

1. Sur ce prétendu *critérium*, voyez *Revue sémitique*, 1902, p. 170.

des mots assyriens (c'est déjà prouvé pour ANV et VTV !). Il faudrait, en outre, nous dire d'où viennent les valeurs DINGIR, EŠŠV, RA de AN (*dingir* vient de *digiru*, l'origine de *eššu* et *ra* est encore incertaine). » Fossey sait-il d'où viennent les noms *hê*, *zaïn*, *ḥêt*, *ṭêt*, dans l'alphabet hébreu ?); d'où viennent les valeurs BAB, BABBAR, BIR, LAH, PAR, TAM du signe VD? (l'explication en a été donnée en 1876. O.C.B., p. 210, n° 401 !) et que devient cette belle théorie, quand le nom du signe est tiré de sa forme? Ainsi le signe VH s'appelle NIG-DVGAKA-NVNA-IDV; le signe KVL s'appelle MV-NV-TILLA. Fossey oublie que j'ai parlé exclusivement de « valeurs d'épellation », mais sa question même trahit une crasse ignorance des termes grammaticaux des Sémites : les noms des voyelles hébraïques *ĕ* et *è*, savoir *šewa*, *šĕbhâ* (שוא, שבא, ֑) et *segol* (סגול, ֶ) n'ont rien de commun avec les sons qu'ils désignent. La confusion des « valeurs d'épellation » avec les « noms conventionnels des signes » est tellement ancrée dans son esprit, qu'il s'attend à trouver comme déguisement (!) de *šu-ru-ub-bu har-ba-šu mu-na-aš-šir nap-har* (IV, R. 1 a 3), ?-GEŠ-PV-VBBV-SIRV KIKKINV-?-MAŠTENV MV-NANV-DEŠŠV-SIRV NABBV-KIKKINV. Or, on trouve, remarque-t-il naïvement, A-ZA-AD GAR-ŠE BA-NIGINNA BA-E (*ibid.*, 1), qui est quelque chose de tout différent. » Ça devient évidemment grotesque, car pendant qu'il met dans le même sac les valeurs naturelles de lecture et les termes savants des signes, il clame triomphalement : « Halévy a confondu deux choses fort différentes, la valeur phonétique des signes et leurs noms ! ». Dans le paragraphe cité (1885, p. 43), il n'y a pas un seul mot des noms savants des signes. Comment appelle-t-on un semblable procédé critique tout fait de substitutions illégitimes ?

20. Fossey voit également peu clair au sujet de l'emploi dans les syllabaires du clou perpendiculaire devant les phonèmes qui indiquent la lecture des signes (p. 337-338). Il croit qu'il sert seulement à séparer les différents articles. Dans ce cas, il devait être d'un usage général dans toute sorte de textes. Or, on ne le signale que dans ces trois cas : les présages, les syllabaires et devant les noms propres. Sa fonction a donc une certaine analogie avec l'habitude moderne de souligner les

passages ou les mots spéciaux sur lesquels on veut appeler l'attention d'une manière particulière, les articles des présages, à cause de leur réputée importance, les noms des lectures et les noms d'hommes parce qu'ils diffèrent des noms communs. Du reste, un signe de séparation a sa place à la fin et non au commencement du passage.

21. Dans l'érudition assyro-sémitique, Fossey est tellement dépaysé qu'il n'y voit goutte (p. 338-341). Les procédés à l'aide desquels les phonèmes « sumériens » sont tirés de l'assyrien le déconcertent absolument. Il admet forcément la dérivation directe, mais quand on lui met sous les yeux des dérivations incontestables comme AN de *Anu*, IṢ de *iṣu*, TAB de *tappu*, EL de *ellu*, RAT de *râtu*, etc., d'où les rencontres fortuites sont exclues, son savoir sémitique étant très borné, il croit pouvoir se tirer d'affaire en affirmant que les mots assyriens ont été empruntés au sumérien. Mais quand la coïncidence est moins frappante au premier aspect, il jette de hauts cris : « Halévy se contredit, il viole lui-même son principe fondamental ! Malgré le principe d'acrologie, il fait venir NIM de *anim*, voire même VR de *guśur* ! » Un mot suffira à mettre en lumière l'ignorance du critique improvisé : 1° En ce qui concerne l'élimination de la voyelle initiale, il ne faut pas être docteur titulaire pour savoir que les noms des lettres *effe*, *elle*, *emme*, *enne*, *erre*, *esse*, indiquent les valeurs *f*, *l*, *m*, *n*, *r*, *s*, sans *e* initial. 2° Fossey ne sait pas non plus que la négligence de *guś* est motivée par la supposition que ce phonème a été assimilé au déterminatif *giś*, « bois », ainsi *guś-ur*, « bois gros = poutre », en sorte que *ur* semblait constituer la substance du mot. Que cette origine soit vraie ou fausse, il n'y a pas violation de principe. 3° Son insipide appropriation de la plaisanterie de Lenormand réchauffée, qui, en imitant mon procédé qu'il ne comprend pas, fait tirer l'allemand *Fuchs* du grec *Alopex* par les intermédiaires *lopex*, *opex*, *pex*, *pix*, *pax*, *pux*, *fux*, a été utilisée par les cabalistes depuis des centaines d'années. Pour chasser le démon de l'oubli qui s'appelle *Armimas*, on écrit ce nom en diminuant le nombre des lettres : *Armimas*, *remimas*, *mimas*, *imas*, *mas*. Si Fossey craint d'oublier quelque chose en assyriologie, je lui recommande cette recette cabalistique.

Je ne reviendrai pas sur l'objection que tel signe n'a pas
la valeur du mot assyrien homophone. La moindre modestie
n'oserait prétendre à la connaissance de la signification primitive de chaque vocable assyrien. Avec quelque connaissance
du sujet, Fossey aurait su que *dannu* réunit les significations de
« fort » et de « violent », que AD signifie en même temps
« père », « mère » et « frère », que la lecture *ag* et *lig*, de DAN,
vient de *aggu* et *li'u* (*g* final correspond à *k*, *g*, *h*, '), que presque
toutes les cinq valeurs de DAN ont été expliquées en 1876.
C'est donc pour cacher sa confusion qu'il cherche à se débar-
rasser des 219 coïncidences monosyllabiques et polysyllabi-
ques réunies par moi en 1901. Je le mets au défi de donner
un commencement d'explication d'un phénomène linguistique
aussi extraordinaire !

22. J'ai établi six indices certains par lesquels on reconnaît
les mots assyriens employés en « sumérien » : 1° forme plus
complète ; 2° caractère de première nécessité ; 3° fertilité en
formes dérivées ; 4° caractère sémitique général ; 5° tournure
assyrienne de l'idée fondamentale ; 6° caractère accessoire de
la voyelle motrice (Halévy 1883, p. 403-404). Fossey fait *déloyalement* un choix infime parmi les nombreux exemples que
j'ai fournis pour chaque catégorie et prétend qu'ils ne sont pas
décisifs. Ignorant les langues sémitiques, il croit tout possible et
ne réfléchit même pas que la plupart des mots cités appartien-
nent à plusieurs des catégories énumérées : les formes *adamatu*,
ištaritu viendraient, selon lui, de ADAMA, IŠTAR, augmentés du
t féminin ; or, les langues sémitiques n'ajoutent *jamais* cette
terminaison aux mots étrangers. Et que pense-t-il des thèmes
אדם et עשׂתר qui sont généralement sémitiques (4°) et dont le
second porte, en outre, la consonne sémitique par excellence, le
ʿaïn ? Relativement à MVRVB, il cache la forme abrégée MVRV qui
le caractérise comme un phonème archaïque tiré de ארב (cf.
mušab, de ישׁב) : *lamassu*, *parakku* seraient refaits de LAMA,
BARA, par étymologie populaire (!) ; même abréviation dans
GARA de GARAŠ, GVR de GVRVN. Il nie même l'existence des
mots *ašurakku*, *udu* (*uddu*), ASVR, V, parce qu'il ne les a pas
trouvés dans le dictionnaire, prouvant ainsi qu'il ne connaît
pas les textes : *ašurrakku*-A-SVR, dans R., IV, pl., 26, 4,

54-55; *uddu*, dans H. et B., p. 21, 2; v, dans la glose ar-
chiconnue v-kvr-šv (lois de famille) pour vd-kvr-šv. Serré
par le sémitisme évident de ine, is, id, sag, il esquive la réponse directe, passe à côté et pose la question de savoir pourquoi ces idéogrammes ont reçu les valeurs syllabiques igi,
gis, a, šag, mais notre incapabilité momentanée de tout expliquer peut-elle faire que les valeurs fondamentales du syllabaire is = *işu*, id = *idu*, ne soient pas sémitiques? Inutile
de relever les niaiseries qu'il débite au sujet des catégories 5°
et 6°, ainsi que sa critique tardive au sujet de certaines de
mes étymologies abandonnées depuis de longues années ou de
la traduction de quelques mots des textes magiques datant
de 1880 (p. 343-348). Quand on ne fait soi-même que copier
des traductions faites par les autres, quinze ou vingt ans plus
tard, on est sûr de ne jamais se tromper. Fossey est donc, à
juste titre, infaillible.

23. Tapage ridicule au sujet du *déguisement* ou *dissimula-
tion* des mots réels par des procédés artificiels. On pourrait
trouver un terme plus exact pour exprimer ce mécanisme,
mais le fait de l'allographie ne saurait être contesté. Nabuchodonosor écrit souvent son nom an-pa-ša-dv-šiš, Assarhaddon
signe toujours an-hi-šiš-mv, Sennachérib s'appelle dans ses
documents an-en-zv-šiš-meš-sv et Asurbanipal, an-hi-kak-
a ou an-hi-bani-tvr-vš ou encore an-hi-*ba-an*-aa; n'y a-t-il
pas un cas de déguisement plus ou moins complet du nom
réel par des idéogrammes équivalents des mots assyriens qui
le composent? Ou bien croit-on sans rire que ces rois ont traduit leur nom en « sumérien » comme un certain *Holzmann*
qui grécisa le sien en *Xylander?* Mais ce dernier cas dispa-
raît devant la composition hybride mi-sumérienne, mi-assy-
rienne des deux premières formes, car si Holzmann a cru pouvoir anoblir son nom rébarbatif sous une forme entièrement
grecque, il n'était pas assez fou pour s'arrêter à moitié chemin
à une forme composite comme *Holzander* ou *Xylomann*. La
tendance au déguisement dans les noms propres assyro-babyloniens existe réellement, en dépit de toutes les dénégations
d'Oppert et C°, seulement leur polémique a transformé ce
secret de polichinelle en *cryptographie*, afin de m'imputer

l'idée·idiote que les Assyriens ont voulu cacher au peuple le contenu de leurs documents publics. Cette malveillante et perfide insinuation est reprise par Fossey, malgré mes protestations réitérées contre ce mensonge dévergondé !

Le *déguisement* idéographique des noms d'hommes étant prouvé, on conclut logiquement que tous les noms sumériens analogues, noms propres ou noms communs, ne sont que des formes allographiques de l'assyrien sémitique et nullement l'expression d'un idiome étranger.

24. A force de vouloir tout contredire, notre critique (?) tombe dans la pure divagation. Voici un exemple bien typique. Dans mon mémoire de 1883, p. 289, j'ai écrit : « Le procédé par lequel les scribes assyriens ont figuré la ville de *Kuta* au moyen du groupe *Tik-gab-a-hi* est encore plus frappant, car, grâce à la loi de la polyphonie, ce groupe se lit simplement *gu-du-a = guda*, ce qui donne la forme démotique *kutu* avec le changement des dures en douces, nécessité par le jeu du rébus. Aucun homme sensé ne se résignera à croire que la forme *gu-du*, signifiant « cou-aller », soit un nom de ville réel. » La réplique de Fossey est ébouriffante : « Il serait tout aussi déraisonnable de dire que *ku-tu* n'est pas un nom de ville réel, parce que les signes *ku* et *tu*, pris comme idéogrammes, sont respectivement les valeurs « vêtement » et « enfanter ». Oui, sagace avocat ! Vous ignorez donc que les syllabes qui composent les mots d'une langue réelle et les signes par lesquels on les exprime, sont deux choses absolument différentes? Puis, si le sumérien avait la forme *ku-tu* ou *gu-du*, vous auriez eu, pour échapper au ridicule, la ressource de dire que la ville est d'origine sémítique, et le sumérien serait resté intact; maintenant, le *déguisement* étant démontré, le caractère artificiel du « sumérien » ne peut plus être nié. Par surcroît d'infortune, la confusion constante de la rédaction allographique et de la rédaction phonétique vous fait croire qu'il serait tout aussi facile de dire que le démotique *gi-hi-in-na* ne présente pas le caractère d'un mot réel, parce que, pris idéographiquement, les signes GI-HI-IN-NV signifient « roseau-parfait-vêtement-sans », ce qui serait encore plus étrange que la forme sumérienne GI-HA-AN, « plante du poisson

divin ». Vous avez donc oublié que le système phonétique consiste précisément à faire abstraction du caractère idéographique des signes!

A défaut de connaissances sémitiques, Fossey trouve fort naturel que les formes assyriennes *kutu, lilû, ašakku*, soient tirées du sumérien GV-DV-A, LIL, A-ZAK. Le premier groupe a été discuté ci-dessus, le sémitisme de *lilû* est garanti par le féminin *lilitu*, et celui de *ašakku* par l'existence des verbes עָשַׁק et עָשַׁק en hébreu, avec la signification de « disputer, violenter ». Il avoue que *din(tin)-tir*, « demeure de vie », est une simple périphrase, mais ne se soucie nullement de donner le vrai nom sumérien de Babylone ni celui du « cuivre » périphrasé par ZA-BAR, « le brillant », qualificatif emprunté à l'assyrien *ellu*, « brillant » et « cuivre » ; de son côté, ZA-BAR joue sur l'assyrien *siparu* (r. סֶפֶר, שֶׁפֶר), dans le but de produire idéographiquement le sens de « pierre (métal)-brillante ». Le caractère périphrasique et artificiel de « précieux-vrai » (KV-GI) pour « or » et de « précieux-blanc » (KV-PAR) pour « argent » est également incontestable ; Fossey nous obligerait beaucoup s'il nous révélait les vrais noms « sumériens » de ces métaux.

25. Ce qui est dit sur la polysémie des syllabes « sumériennes » projette un triste jour sur la sincérité de la critique (p. 352-355). J'ai cité plusieurs exemples pour illustrer l'impossibilité pour une langue réelle d'attribuer à un seul monosyllabe une foule de significations d'un ordre d'idée très divers. Avec sa déloyauté habituelle, Fossey fait croire à ses lecteurs que je n'ai cité pour preuve que le seul signe GIR, qui signifie à la fois « scorpion, épée, chemin (plus exact que « champ labouré »), éclair », afin de pouvoir renvoyer au exique arabe où, sous un seul vocable, on trouve, dit il, des groupements d'idées beaucoup plus étonnants pour nos habitudes d'esprit. Si cela était, le génie sémitique du « sumérien » en serait encore plus confirmé, mais le rapprochement est faux : en arabe, un objet a toujours un ou plusieurs mots qui l'expriment directement ; le sumérien fait emploi d'un seul signe pour exprimer jusqu'à cinquante objets divergents. Naïvement, Fossey trouve le lien du groupe susmentionné dans la forme primitive du signe GIR, qui représentait une image ayant pu donner lieu à ces multiples significations ! Tant mieux, c'est donc un idéogramme et non pas un vrai mot ! C'est aussi le cas des exemples supprimés par Fossey, savoir VH, « abeille, pou, puce, teigne, ver, renard », du signe TIK lu *gu*, qui a les dix significations suivantes : « dieu de l'univers, pays, face, œil, oreille, figure, devant, pied, voir, regarder », en dehors de beaucoup d'autres encore mal déterminées. Est-ce imaginable dans un idiome réel ? Fossey n'a cure d'en parler. Le phénomène même de cette polysémie outrée ne trouble pas son assurance ; il ne s'étonne pas non plus que le signe GIR, « pointe d'épée », puisse aussi signifier « chemin » (GÌR) et « ami » (TAB), « confusion de sons similaires d'une part, homophonie de l'autre ». D'après une communication de M. Chavannes, citée par Fossey, « en chinois, des mots de sens différent, mais de prononciation semblable, peuvent aussi être représentés par un même caractère, en vertu d'une convention analogue à celle qu'on admet dans le rébus ». Voilà le mécanisme du rébus, tant décrié quand je l'ai signalé, qui entre maintenant par la grande porte en sumérien !

26. Le procédé *déloyal* refleurit (p. 354-358) à propos : 1° des noms de nombres sumériens, dont Fossey conteste, à tort, les valeurs *has* et *bi* pour « deux », mais il ne souffle mot sur les quatre phonèmes *id*, *giš*, *ge*, *aš*, qui expriment le nombre « un » ; 2° du groupe ZV-AB, dont il fait venir l'assyrien *apsu*, « abîme », qui garantit la forme AB-ZV et qui revient en phénicien sous la forme 'Απασων = h. *ephes*, אפם, « fin, vide » ; il se tait aussi sur ma remarque qu'il ne viendrait jamais à l'idée d'un peuple d'exprimer le mot « abîme » par la périphrase « maison de sagesse » ; 3° de quelques expressions ambiguës au sujet de l'unité essentielle du système hiératique à toutes les époques ou de quelques traductions que j'ai abandonnées dès 1883 par suite des justes observations de M. Schrader.

27. Jamais les auteurs assyro-babyloniens ne font mention d'un dualisme linguistique dans leur littérature. N'est-ce pas parce que les deux rédactions hiératique et populaire n'ont pour origine qu'une seule et même langue ? La réponse de Fossey est amusante : « Les rois d'Assyrie (dans leurs souscriptions) n'avaient pas prévu Halévy. Homère (qui écrit dans

sa langue maternelle) n'a pas cru nécessaire de dire qu'il écrivait en grec, et, en dehors du titre, il n'est pas fait mention ni de grec, ni de français dans un dictionnaire grec-français ; or, les lexiques suméro-assyriens d'Asurbanipal sont, comme toutes les œuvres de sa bibliothèque, dépourvus de titre proprement dit » (p. 359). Mais ma question a précisément pour objet le manque obstiné de ce titre indispensable pour les œuvres rédigées en deux langues différentes. Cela caractérise suffisamment la mentalité de l'avocat improvisé. La seule mention de *lišân Sumeri* se lit sur un fragment, et sur un autre il y a la phrase mutilée KI-TA EME TILLA-KI] AN-TA EME-KV[-KI] = *šapliš akkadâ eliš šu[merâ]* ; on ne peut y voir qu'une distinction analogue à celle de « langue d'oil » (au nord) et « de langue d'oc » (au sud). On savait depuis longtemps que le titre Accad et Šumer désigne les deux parties de la Babylonie : Accad au nord, Šumer au sud. C'est se lancer dans la pure fantaisie que d'appliquer cette phrase à la disposition des textes prétendus « bilingues » à version interlinéaire. Dans ce cas invraisemblable en lui-même, le « sumérien » aurait été nommé avant l'accadien sémitique conformément à la disposition réelle des lignes. Qu'en Babylonie le dialecte du nord ait pu et dû différer par certaines particularités du dialecte du midi, c'est ce qu'on voit par l'analogie de la Palestine où le parler des Éphraïmites différait notablement de celui des Judéens. Mais Fossey tient encore à agrémenter l'imbécillité par des chicanes déloyales. Bien que mes travaux parlent depuis 1890 des Cosséens ou Cassites comme d'un peuple non sémitique, il me rappelle que j'avais supposé auparavant que le cosséen était un dialecte assyrien exprimé par un procédé artificiel. Il s'étonne aussi que je ne me sois pas attaqué à l'anzanite, car il n'est nullement question d'une langue anzanite ou susienne. Le cynisme de cette allégation est vraiment révoltant ! Il n'y a pas d'assyriologue qui ne connaisse les passages qui livrent toute une série de mots de la langue de la Susiane (NIM-KI). En remâchant les expectorations d'Oppert, le maître-chanteur grotesque, il ose affirmer (p. 360) que ces étymologies me permirent de lire les inscriptions chypriotes en sémitique, pour satisfaire ma manie de pansémitisme, mensonge effronté dont j'ai fait justice depuis plus d'un quart de siècle !

28. Les Sémites conquérants auraient-ils bénévolement consenti à recueillir la littérature d'un peuple étranger détruit par eux-mêmes pour admettre son idiome comme une langue sacrée, non seulement en Babylonie, mais aussi en Assyrie où il n'a pas existé un seul individu de la race de Sumer? Les Romains, après avoir traduit l'*Agriculture* de Magon, ont délaissé l'original. On veut, de plus, que les Assyro-Babyloniens aient conservé, par tradition, la prononciation exacte de cette langue étrangère qui n'est pas *même écrite phonétiquement* (en comparaison avec le système phonétique où la polyphonie des signes est très limitée). C'est d'autant plus absurde que la lecture incorrecte du mot ne change rien au sens. Fossey réplique après Lenormant que, dans une littérature religieuse et surtout liturgique, la traduction ne peut pas remplacer l'original, dont les mots ont une valeur propre, un pouvoir magique. Si Lenormant peut être excusé par l'état sommaire de la littérature assyriologique en 1874, Fossey ne devait *honnêtement* pas le reproduire à une époque où la littérature liturgique forme une partie infime comparativement aux documents innombrables de caractère historique, augural, légendaire, commercial, et d'autres sujets profanes rédigés en « sumérien » par des auteurs sémites et dans lesquels il ne peut être question du pouvoir magique des mots. Les Coptes, comme les Juifs, récitent leurs prières dans leurs anciennes langues nationales; l'analogie favorise donc l'idée que le « sumérien » est au fond la langue assyrienne. Fossey pense que la pratique de deux modes de rédaction de la langue maternelle est aussi difficile que l'emploi d'un idiome étranger exprimé au moyen de signes dont la lecture et le sens se prêtent à un amphigouri excessif, à tel point que les scribes se virent obligés de confectionner *un demi-million de gloses* (Oppert) pour y remédier autant que possible. Par cette absurdité colossale, son état mental est suffisamment jugé. Mais sa mauvaise foi dépasse toute limite dans ce fait qu'il cache au lecteur ce que tous les assyriologues ont été obligés d'avouer, savoir que les « Sumériens » *n'ont pas laissé une seule ligne*

écrite de leur main. Les Sémites n'avaient donc pas de modèle rédigé à imiter. Auraient-ils donc inventé un système aussi compliqué pour écrire une langue étrangère qu'ils n'ont apprise que par l'usage oral ? Sans être aveuglé par un parti pris obstiné, le cerveau le plus abruti n'en admettra la possibilité.

29. Je dédaignerai de suivre Fossey dans ses nouvelles expectorations (p. 362-365) au sujet du prétendu *déguisement* ou *rédaction cryptographique,* dont il m'attribue l'idée. Le mensonge a déjà été démontré plus haut. Il faut cependant dire un mot : Oppert et Fossey demandent pourquoi les rois assyriens n'ont jamais écrit en *dissimulé* (!)? La réponse est facile : Les rois assyriens ont simplement suivi l'usage des rois babyloniens qui, dès le XVᵉ siècle, écrivaient leur correspondance en *phonétique.* Oppert connaît-il des documents plus anciens appartenant à des rois assyriens? S'il ne peut en présenter un seul spécimen, il ferait bien de ne pas jeter de la poudre aux yeux des lecteurs inexpérimentés. Fossey, de son côté, s'indigne à l'idée soutenue par moi que les tablettes qui donnent des textes « bilingues » en caractères grecs ont été faites par des Babyloniens hellénistes, dans le but de faciliter la lecture des textes cunéiformes au moyen d'une transcription alphabétique et précise. Il aime mieux affirmer que ces tablettes avaient été rédigées à l'usage d'un Grec désireux de s'initier aux deux langues littéraires de la Mésopotamie, dont l'une était déjà morte depuis trois mille ans au minimum! Chose curieuse, les Grecs d'Égypte, malgré leur séjour dans ce pays six siècles avant l'ère chrétienne, n'ont jamais montré une pareille curiosité à l'égard de la langue égyptienne et de l'idiome des hiéroglyphes représentés sur des milliers de monuments publics. Cet amateur hellénique de la philologie babylonienne « bilingue » nous arrache un cri d'admiration, et c'est la gloire de Fossey de l'avoir tiré de l'oubli séculaire!

30. *Rapport grammatical entre les deux systèmes.* — Pour prouver mes hésitations sur ce point, Fossey (p. 366) cite un passage (Halévy, 1883, p. 402) dans lequel, dit-il, je n'affirmais plus comme en 1874 (p. 317 et suiv.) que la morphologie et la syntaxe du sumérien sont calquées sur celles de l'assyrien. « Le démenti que les faits lui ont infligé l'a rendu plus prudent. » Je me félicite d'abord de ne jamais avoir eu la tendance à l'entêtement obstiné, mais j'aurais de la peine à féliciter Fossey l' « Infaillible » d'avoir falsifié la teneur du dernier passage. On y lit : « Le mécanisme du verbe accadien n'est pas suffisamment éclairci pour que l'on ait une idée nette sur ses rapports avec le verbe assyrien... Ce que nous pouvons entrevoir déjà à l'heure qu'il est, c'est que le verbe accadien suit strictement les modifications du verbe assyrien, qu'il a le même nombre de temps et de voix. » Et plus loin (p. 68-69) : « Le fait que, dans quelques particularités, le verbe accadien s'est tracé une voie différente n'étonnera point quand on pense à la difficulté qui fit naître l'incorporation des suffixes-régimes usités dans la langue vivante. » C'est absolument le contraire de l'opération mécanique du *calque*, dont Fossey m'impute la conception. Outre le génie assyrien fondamental, le système allographique possède une foule d'autres traits spéciaux assyriens, et en premier lieu l'état construit : DIG-GA (GA complément phonétique) KIŠ-KI, « butin de Kiš », NIN GIRSV, « seigneur de Girsu », où Fossey exige l'abrégement de la voyelle de NIN ! Dans GAN-SAL signifiant *tanitti* (Guyard), Fossey n'est pas sûr que SAL est l'indice du féminin ! Ne pouvant nier que SAL-HVL et SAL-ŠIG rappellent singulièrement l'assyrien *limuttu*, le « mal », et *damqutu*, « le bien », qui marque le neutre logique par le féminin, il se console en disant que ces mots sont rares et que même les textes d'Hammurabi ont été influencés par l'assyrien ! Mais a-t-on jamais écrit en latin *bonê* au lieu de *bona* par l'influence du grec *kalê?* Avec des subterfuges aussi ridicules et en présence de la niaiserie obstinée à ne pas tenir compte des nécessités afférentes à la construction du système artificiel, il est oiseux de répondre par le menu aux objections relatives à la formation du verbe « sumérien », objections qui se résument continuellement dans l'interrogation : pourquoi telle chose est faite ainsi et pas autrement? Les faits connus et concordants ne comptent pas; c'est l'ensemble de l'inconnu et du conventionnel que l'antisumériste doit expliquer sous peine de déchoir, tandis que le sumériste est déchargé de toute motivation ! Le désir de cacher le vrai état de choses se manifeste aussi dans la discussion concernant *l'attraction vocalique*, commune, en principe, aux deux systèmes rédactionnels. Fossey me fait dire *déloyalement* que *l'harmonie vocalique* est un besoin *impé-rieux* de l'assyrien (p. 375). Sur la question des pseudo-dialectes, je me contente de renvoyer à ce que j'en ai dit *Revue sémitique* 1905, p. 45-50. Fossey n'a soin de s'en-gager dans cette matière épineuse (p. 375-376); c'est d'une sage prudence.

31. A ma question : Où est l'art « sumérien » ? les adver-saires ne peuvent se tirer d'embarras qu'en considérant l'art chaldéen comme le résultat du mélange des deux races. C'est d'abord avouer que les « Sumériens » n'avaient pas d'art avant de cohabiter avec les Sémites; mais alors comment prouve-ront-ils que cet art n'est pas dû à l'initiative sémitique? Mys-tère. Enfin, y a-t-il au moins un *seul nom sumérien de ville, de fleuve ou de montagne* dont le souvenir soit resté jusqu'à nos jours, à l'instar des noms assyriens? Fossey ne trouvant de réponse à donner, procède à me rappeler que j'avais admis, par ailleurs, une double nomenclature géographique en Baby-lonie ; or, là j'ai parlé des textes cunéiformes et nullement de la survivance traditionnelle! Pour dire quelque chose, il af-firme sans rire que les noms assyriens *Idiqlat* (Tigre) et *Pu-rat* (Euphrate) sont tirés du sumérien IDIGNA et BVRANVNV! Ces deux vessies transformées en lanternes constitueraient tout l'héritage linguistique légué au monde par les « Sumériens », nés et décédés on ne sait quand ni comment.

32. Bavardage en l'air au sujet de la nationalité des Chal-déens (p. 378-381). En 1874, les assyriologues, sur l'initia-tive d'Oppert, croyaient fermement que les Chaldéens étaient des Touraniens. Ils invoquaient le nom hébreu *Kasdim* (כַּשְׂדִּים), dans lequel ils voyaient un composé « sumérien » *kaš-dim*, qui signifierait « deux-fleuves ». Mon opposition rap-pela l'usage constant des auteurs hébreux, depuis le Penta-teuque jusqu'au livre de Daniel, d'entendre par « Chaldéens » des tribus sémitiques parlant des dialectes araméens. Par cela, la prétention de trouver dans Bérose la mention des Toura-niens comme habitants présémitiques de la Babylonie s'est

définitivement évanouie. Fossey se tait déloyalement sur la
cause de mon opposition et trouve que la chose n'est pas encore prouvée, parce que l'ancien nom des Touraniens a pu
être appliqué plus tard aux Araméens! En revanche, il sou-
ligne que « tirer du livre de Daniel des arguments sur la
langue parlée en Babylonie quatre ou cinq mille ans avant
J.-C., c'est vouloir dire qu'on parle maintenant arabe à Bag-
dad et que l'arabe est une langue sémitique ». Il ignore que,
parmi les assyriologues que je visais alors, il y en avait et il y en
a encore aujourd'hui, selon lesquels les Sumériens ont existé
jusqu'à l'époque des Parthes. Il revient ensuite de nouveau sur
l'expression ἀλλοεθνεῖς de Bérose, qu'il traduit erronément par
« hommes de races diverses », au lieu de « hommes de tribus
diverses », afin d'y trouver une allusion aux Sumériens !

33. Dernier point : Une race à langue non sémitique, comme
les Sumériens, qui aurait peuplé le pays euphratique et inventé l'écriture cunéiforme, devait être souvent mentionnée
dans les textes assyro-babyloniens; or, on n'y en trouve pas
une seule mention ; cela ne prouve-t-il pas qu'elle a été inventée par des cerveaux en déroute? Fossey réplique inconsidé-
rément : « Mais ces textes ne parlent pas non plus d'une race
sémitique. » Fossey mutile de nouveau ce passage (1874,
p. 30). J'y ai cité deux souscriptions d'Asurbanipal : l'une,
au bas d'une tablette « bilingue », porte les mots : *kipi dipi
u telmedi labiri gabri Aššur (ki) u Akkad (ki)*, « conformément aux tablettes et aux documents d'Assour et d'Akkad (=
de la Babylonie) ». Une autre tablette en *sémitique seul* a : *kipi
dipi u... labiri gabri Aššur (ki) Šumer (ki) u Akkad*, « conformément aux tablettes et ... anciennes, exemplaires assyriens et babyloniens ». Ici, il est absolument évident que « Sumer
et Akkad » ne comporte que l'idée géographique de Babylonie *unilingue*, c'est-à-dire sémitique. Dans les autres textes,
l'expression *niši Šumeri u Akkadi* ou *Akkadû* pour « Babyloniens » revient d'innombrables fois, et toujours avec le sens
d'une seule race et d'une seule langue.

Je dédaigne la tartine finale, où la bassesse le dispute au ridicule. Dans le long cours de cent pages, on ne découvre pas

une seule idée juste, ni un seul procédé qui ne soit entaché
d'une insigne malveillance et d'une déloyauté abjecte. Fossey
a été mon élève pendant quelques semaines; il a été l'élève du
P. Scheil pendant deux ans et reçut de lui instruction et
secours matériel. Il nous a trahis tous les deux. Il a poussé son
ingratitude envers le P. Scheil jusqu'à supprimer le titre
de ses précieux volumes de la collection de Morgan, qui
contiennent les admirables traductions des plus anciens textes
sémitiques et anzanites que l'Europe nous envie, et qui ont
réhabilité l'assyriologie française tombée en décadence depuis
la mort d'Amiaud. J'ignore le but que peut avoir un pareil
débordement de haine et d'audace vaniteuse et absolument
improductive pour la science. Personne ne prendra au sérieux
cette élucubration odieuse qui projette une ombre sinistre sur
la sereine honnêteté de notre école assyriologique, encore à
moitié affaissée sous un joug aussi tyrannique que grotesque
qui la paralyse depuis 1883.

Nous croyons utile de terminer cette ennuyeuse controverse
en donnant un aperçu sommaire des bases aujourd'hui acquises
et désormais inébranlables de la thèse antisumérienne. Elles
peuvent être divisées en faits négatifs et en faits positifs.

PREUVES NÉGATIVES

1. Absence de toute trace du peuple « sumérien » durant
la période de *cinq mille ans* d'histoire babylonienne.
2. Absence absolue de la même entité ethnique dans l'histoire des peuples voisins et parlant, avec quelques légères
variations, la langue babylonienne.
3. Il n'existe pas d'inscription « sumérienne », fût-ce *d'une
ligne seulement*, qui ne soit pas rédigée par un scribe babylonien sémitique.
4. On chercherait de même en vain le moindre vestige de
syllabaires sumériens offrant la lecture des signes ou les multiples valeurs lexicographiques dont ils sont susceptibles.
5. A défaut d'une littérature rédigée par les « Sumériens »
eux-mêmes, les Sémites n'auraient pu prendre connaissance

par qui que ce soit des énormes complications propres à ce système graphique s'ils ne l'avaient pas inventé eux-mêmes.

6. Les Sémites n'auraient pas accepté et se seraient encore moins chargés de perpétuer chez eux la langue d'un peuple *illettré*, qui n'était d'aucune utilité pour la rédaction de leurs propres monuments littéraires.

7. Un peuple pourvu d'une civilisation supérieure n'aurait pas disparu devant les conquérants sémitiques qui, à ce que l'on affirme, lui étaient intellectuellement inférieurs, et qui acceptaient même son idiome comme une langue sacrée.

8. La désignation de la Babylonie par l'expression « pays de Sumer et d'Akkad » est d'un caractère purement géographique signifiant « haute région » et « basse région », mais n'a aucunement en vue un dualisme de race ou de langue.

9. Les textes babyloniens fournissent des spécimens de mots susiens, kassites, sutiens, khatiens, etc., mais ne parlent jamais de mots sumériens.

10. Dans les textes prétendus « bilingues », il n'est jamais question de traductions faites du sumérien en sémitique ni du sémitique en « sumérien ».

PREUVES POSITIVES

1. Présence des consonnes sémito-assyriennes *ṭ*, *ṣ*, *q*, dans le syllabaire cunéiforme.

2. Une partie considérable des valeurs fondamentales du syllabaire est tirée de mots assyriens qui expriment la signification idéographique.

a) Avec conservation complète de la consonne finale :

AN, de *Anû*, « dieu Anou, dieu ».

IL, de *ilû*, *elû*, « être haut, élevé » (r. עלי).

EL, de *ellu*, « pur, brillant » (r. חלל, « laver, purifier », *alâlu*).

EN, de *ênu*, « seigneur », *entu*, « dame » (r. און).

GAN, de *gannatu*, « jardin » (r. גנן).

KIL, de *kilu*, « clôture » (r. כלא).

KI, de *kiu* (= *qiu*), « lieu, terre, région » (r. כו ou קוע, ar. *qâ°*, pl. *qî°ân*).

DAN, de *dannu*, « fort » (r. דנן).

SAG, de *šaqû*, « sommet de la tête, tête » (r. שקי).

RIG, de *riqqu, riggu*, « plante, verdure » (r. ורק).

HAP, HAB, de *hapu*, « briser, détruire » (r. חפי).

AL, de *allû*, » chaîne » (r. עלל).

VL, de *ullû, ulû*, « avant, passé » (r. אול).

ABVL, de *abullu*, « grande porte » (r. ובל).

AGA, de *agû*, « couronne, tiare » (r. אגו).

AGAR, de *ugaru*, « champ » (r. וגר).

LAGAR, de *lagaru*, « prêtre » (r. לגר = נגר ; cf. ar. *nagîr*).

NANGA, de *nagû*, « contrée » (aram. נגוא, ar. *nigâ*).

IŠIB, de *išippu*, « magicien » (r. אֲשָׁף).

KALAMA, de *kalamu(a)*, « le tout, l'univers » (r. מה + כל).

MILAM, de *milammu*, « splendeur » (r. למע), etc., etc.

b) Avec l'adoucissement des consonnes dures en douces (prononciation particulière aux Babyloniens).

AZ, de *azû*, « médecin » (aram. אסי).

GVZA, de *kussû*, « siège, trône » (h. כֵּא, aram. ar. *kursî*
(r. כסר).

ABZV, de *apsû*, « océan, mer » (r. אפם).

MADA, de *mâtu*, « pays » (aram. מְחָא, « lieu, ville, pays »).

ZIG-GA, de *zîqu*, « souffle, vent » (r. זיק).

ZABAR, de *siparu*, « cuivre » (r. ספר), etc., etc.

c) Avec l'omission de la consonne finale :

BAR(A), de *parakku*, « lieu saint, temple » (r. פרך).

ADAMA, de *adamatu*, « sang coagulé, pus » (r. אדם).

LAMA, de *lamassu*, « colosse gardien » (r. למם).

MAL, MA, de *malû*, « plein, possédant » (r. מלא).

DV, de *dumu*, « fils, enfant, petit » (r. דמי).

TEMEN, TE, de *temennu*, « fondation, base » (r. אמן).

VMVN, V, de *ummânu*, « expérimenté, artiste, sage, seigneur » (r. אמן).

DVG, DV, de *dumqu (duwgu)*, « grâce, faveur, bien, bonheur » (r. דמק).

ZIG, ZI, de *zîqu*, « vent, souffle, vie » (r. זיק).

SYSTÈME IDÉOPHONIQUE (= SUMÉRIEN)

Faits de grammaire et de syntaxe.

a) Emploi du mécanisme de l'état construit :
DV-ZI, *mâr-napišti*, « enfant de la vie ».
E-ZID-DA, *bit kitti*, « maison de la vérité ».
LVGAL KVR-KVR-RA, *šar matâti*, « roi des pays ».
NIN GIRSV, *bêl Lagaši*, « seigneur de Lagaš ».
KA VN-MEŠ, *pî niši*, « bouche (parole) des hommes ».
TVR-SAL AN, *mârat Anum*, « fille d'Anou ».

b) Désinence du pluriel ENE = as. *âni.*
DINGIR-ENE, *ilâni*, « les dieux ».
KVR-KVR DAGAL-ENE, *matâti rapšati*, « les vastes pays ».

c) L'adjectif suit le substantif :
DINGIR GAL, *ilu rabû*, « dieu grand ».
DINGIR-MEŠ GAL-MEŠ, *ilâni rabûti*, « les grands dieux ».
AN-MEŠ DAGAL-MEŠ, *šamê rapsûti*, « les vastes cieux ».

d) Noms de nombre :
ID, *edu*, « un seul » (r. אֶחָד).
ME, *mêatu*, « cent » (r. מאי, héb. מֵאָה).

e) Prépositions :
MVH, *muh*, « sur », de *muhhu*, « le dessus » (cf. מֹחַ, cerveau »).

EDIN (ṢIR ?) = *ṣêru*, « élévation », d'où *ṣîr*, « sur » (r. צָדַר, ar. מֹדֻר, « dos »)[1].

f) Adverbe :
HI-GA-EŠ, *ṭâb-iš*, « bonnement », mot à mot « bon-ce ».

HI-GA-BI, même sens (substitution du phonème š(v) par le synonyme idéographique BI).

g) Verbe :

a. Deux temps : un passé et un présent futur :
in-LAL, *išqul*, « il a pesé ».

---

1. Cet exemple peut aussi prendre rang dans la série des « faits de génie linguistique » (p. 44).

in-LAL-EŠ, *išqulû*, « ils ont pesé ».
in·LAL-*e*, *išaqal*, « il pèse ».
in-LAL-*e-ne*, *išaqqalû*, « ils pèsent ».

b. Une forme à pronoms juxtaposés :
EN-*mu*, *bêliku*, « je suis maître ».
DIBBA-*mu* = *ṣabtaku*, « j'ai pris, je prends ».
MAH-*zu* = *ṣirat*, « tu es suprême ».

c. Comme souvent en assyrien, l'indice de la première personne sert aussi pour la troisième personne :
mu-un-DV = *ukin*, « j'ai placé » et « il a placé ».
ib-ta-VDDV = *ušêṣi*, « j'ai fait sortir, il a fait sortir ».
ma-an-SI = *umalli*, « je remplis, il remplit ».
mi-ni-ib-TV = *ušêrib*, « j'ai fait entrer, il a fait entrer ».
mu-un-ZV = *idi*, « je sais, il sait ».

d. Le mode subjonctif est formé au moyen de la particule
ha, he, hu, qui comporte le triple sens de l'indice assyrien *lû*,
« certes, c'est », « que » et « ou, soit »; dans les deux premiers cas, il précède le verbe; dans le troisième cas, il le suit :
ha-ma-GÍ-GÍ = *litura* (pour *lû-itura*), « qu'il retourne,
revienne ».
ha-ba-TVL-DV-*ne* = *lirid* (pour *lû-irid*), « qu'il descende ».
ga-GAR = *lu-uš-kun*, « que je fasse, qu'il fasse ».
he-TI = *lišib*, « qu'il reste ».
he-KAL = *libši*, « qu'il soit ».
hu-mu-ni-ib-TV·TV = *lišerib*, « qu'il fasse entrer ».
hu-mu-ra-ab-SVM-*mu* = *lidinka*, « qu'il te donne ».
hu-ME-EN = *lû-anaku*, « c'est moi ».
*hu-mu-un-da-*RI = *lû ramâta*, « certes, tu demeures ».
AD-*he-a* AMA-*he-a* = *lu abu lu ummu*, « le père ou la mère,
soit le père, soit la mère ».

Faits de syntaxe.

La construction sujet-objet-verbe est commune à l'assyrien et au « sumérien »; cependant, grâce aux nécessités de
distinction, les particules sumériennes correspondant à cer-

taines catégories de particules assyriennes changent de place autour du nom ou du verbe.

V-ME-GAR NV HI-GA MVH-NA GAR-RA = *qûlu la ṭabu êliśu ittaśkan*, « la parole non bonne sur lui s'est placée ».

AN-NA ABA MAH ME-EN ZA-E ÁŠ-ZV MAH-ÁM = *ina samê mannu ṣîru atta édiśśika ṣîrat*, « dans le ciel qui est sublime ? toi seul es sublime ».

ZA-E E-NE-AKA-ZV AN-NA MV-VN-PA-DA AN-NVN-GAL-E-NE KA ŠV-MA-RA-AN-HV = *kâtu amatka ina śamê izakkarma* AN-VII *appa ilabbinu*, « Ta parole est-elle mentionnée dans le ciel, que les dieux VII baissent la face ».

GIG BAR-AM SÁ-DI DVG-GA-GE KI-NÁ SAG LV-VRV-LV KVR-HAL-LA-GE HE-EN-GVB-BV-VŠ = *ina muśi maśal ina umti tâbti ina maâlu ina rêś amelu muttallika lû kaân*, « lorsque la nuit se divise (= à minuit) à un moment (?) propice, près du lit, au chevet de l'homme périssant qu'il se place ! »

Faits de génie linguistique.

Idiotismes et compositions de mots conformes au génie assyrien ou sémitique général :

GI(G) BAR-AM = *ina muśi maśal* = בחצות הלילה, « à minuit », mot à mot : « lorsque la nuit se divise (en deux moitiés) ».

ŠV-SI = *qâta malû*, « posséder un objet, avoir un droit », mot à mot : « emplir la main » = מַלֵּא יָד.

ID DV-A = *id (ya, ka,* etc.) *alâku*, « accompagner, soutenir », mot à mot : « aller à la main, à côté ».

KI AZAG-GA = *aśru ellu*, « lieu désert », mot à mot : « lieu pur ».

MAL + SAL = *rêmu*, « matrice » et « amour, pitié » ; רֶחֶם, « matrice » ; רחמים, « amour, pitié ».

KA = *pû*, « bouche » et « ordre » ; héb. פֶּה, פִּי, « bouche, ordre, embouchure ».

ŚI = *înu, ênu*, « œil » et « source » ; héb. עַיִן, « œil, source ».

SI = *qarnu*, « corne, bout, angle, rayon » ; héb. קֶרֶן, « corne, angle, rayon ».

A-NA, AN-NA = *anaku*, « je, moi » et « plomb »; héb. אָנֹכִי, « moi » et אֲנָךְ, « plomb ».

ŠÁ (LIB) = *libbu*, « cœur » et « milieu »; héb. לֵב, « cœur, milieu ».

BIL = *išâtu*, « feu » (אֵשׁ) et *eššu* (pour *edšu*, חֹרֶשׁ), « neuf, nouveau ».

ŠV-GVR = *unqu*, « anneau » et « sceau, cachet ».

EME = *lišânu*, « langue, nation » et « flamme »; héb. לָשׁוֹן, mêmes significations. Comparez en outre : LV-EME = *amelu ša lišâni*, « homme de (mauvaise) langue, calomniateur »; héb. אִישׁ לָשׁוֹן.

EME-SIG KV-KV = *qarṣé akâlu*, « manger morceau, calomnier », d'où EME KV-KV = *âkil qarṣe*, « calomniateur ». Cf. aram. אָכַל קַרְצֵי, « calomniateur ».

Il me paraît inutile d'allonger davantage la série des faits analogues qui se présentent en masse de tous côtés à l'observation impartiale. Il reste encore une quantité énorme de détails qui demandent à être expliqués, ce qui ne doit pas étonner dans un système conventionnel aussi ancien et aussi compliqué. Mais les faits de sémitisme déjà constatés suffisent amplement pour prouver la thèse antisumérienne et l'aveuglement de ses adversaires qui recourent constamment à l'inconnu, au préhistorique, pour esquiver le devoir de prouver leurs allégations arbitraires. Comme acteur historique, le prétendu peuple tourano-sumérien de la Babylonie, né à un moment où l'on ne savait pas encore lire correctement une ligne d'assyrien, s'évanouit comme un rêve sans consistance. On ne reverra plus ces dynasties allophyles qui ont hanté l'esprit des meilleurs historiens de l'antique Babylonie; on bâillera formidablement au récit naïf d'invasions préhistoriques des « Sumériens » jusqu'au cœur de l'Afrique et des Pyrénées ibériennes. Les touranisants sérieux, de leur côté, n'auront plus à rougir du bourdonnement inlassable de la propagande de certains super-nationalistes qui se vantent d'avoir découvert, pour leur nation, des ancêtres jadis florissants en Babylonie, comme si les qualités remarquables de leur nationalité actuelle ne suffisaient pas à lui

assurer une place honorable dans l'histoire de l'humanité. Enfin, les philologues studieux abandonneront avec une clameur
de satisfaction l'espoir chimérique de trouver dans la *langue
de Sumer* des éléments utiles pour la solution de problèmes
encore énigmatiques dans la construction du parler humain.

SUPPLÉMENT

Je suis maintenant en mesure d'expliquer la précipitation
déployée par Fossey pour reprendre, sur une vaste échelle, la
question sumérienne telle qu'elle se présentait dans mon travail
de 1874, dont le contre-coup a été surtout ressenti par M. Oppert, le véritable *père du sumérien*, qu'on avait décoré alors en
Allemagne de l'*Ordre de Champollion Scythique*. La supposition que l'agissement de Fossey était le résultat de l'incitation
d'Oppert qui, incapable de défendre lui-même son faux système, a confié sa cause à un jeune avocat qui ne demandait pas
mieux que de se mettre en vedette comme assyriologue, cette supposition se présentait aussitôt à mon esprit comme à celui de
tous ceux qui connaissent la mentalité sournoise du principal
intéressé. Aujourd'hui, je suis mieux renseigné sur cette in-
trigue, qui est malheureusement destinée à laisser sa trace
dans les Annales de l'Académie des Inscriptions et Belles-
Lettres. J'ai appris, non sans stupéfaction, que cette savante
corporation a décerné le prix Bordin au *Manuel* de Fossey
en juin 1904, ce qui suppose nécessairement que le manus-
crit ou le tirage à part en avait été déposé au Bureau de l'Institut vers la fin de décembre 1903, au plus tard. Or, le *Manuel* n'a paru, chez Leroux, qu'en septembre 1904. Donc la
dernière partie de l'ouvrage, celle même qui contient la polémique contre moi, n'a pas été déposée du tout. Cela constitue
une double contravention au règlement des concours, qui
exige : 1° la déposition de l'ouvrage complet; 2° l'absence de
toute polémique dans l'ouvrage présenté au concours. Malgré
cette mesure sage, qui garantit à la fois contre les remaniements
ultérieurs de l'auteur et contre l'immixtion autoritaire dans
les questions controversées, le coup a porté, grâce à une ruse

de M. Oppert. L'Académie avait nommé, comme d'habitude, une commission de cinq membres pour examiner le volume supposé complet de Fossey, mais personne parmi eux ne l'a seulement ouvert, circonvenus qu'ils étaient par *le Père du sumérien*, qui leur en avait raconté monts et merveilles, en passant naturellement les faits contraires au règlement et à la stricte honnêteté. C'est ainsi que le *Manuel* a été couronné par surprise, et a obtenu la plus forte somme du prix Bordin au détriment des autres concurrents dont les œuvres ont été jugées dignes d'être récompensées. Fossey va maintenant briguer la chaire d'assyriologie au Collège de France lors de la retraite d'Oppert qui est déjà, il va sans dire, son parrain zélé, tandis que des assyriologues du plus haut mérite, comme MM. Scheil et Thureau-Dangin, resteront écartés, à la stupéfaction de l'Europe érudite qui sait les apprécier, depuis de longues années, comme les restaurateurs de l'assyriologie en France depuis la mort d'Amiaud. Je suis même convaincu que, dans les circonstances actuelles de l'autocratie assyriologique d'Oppert à l'Institut de France, aucun ouvrage de ces derniers, s'il était mis au concours, n'aurait même pu obtenir la moindre récompense imaginable. Ils ont le malheur d'offusquer le *Directeur* des études assyriologiques par leurs travaux et par leurs idées indépendantes, et un crime de lèse-majesté ne se pardonne jamais. Il m'est bien pénible de soulever le voile d'un coin si sombre de l'évolution de notre orientalisme français, mais le scandale est tellement évident que nous sommes devenus un objet de risée à l'étranger. Il faut mettre fin le plus tôt possible à un état de choses qui ne doit plus durer. Le premier pas dans cette tournure vers le mieux, c'est de reconnaître officieusement, sinon officiellement, que le prix accordé au *Manuel* de Fossey en 1904 est dû à une supercherie malhonnête qui a réussi à masquer la double infraction faite au règlement des concours scientifiques.

9 782019 913847